Alan Watts

Zen Zen

Das Buch
Der Zen-Mönch Joshu wurde gefragt: „Was sagst du zu jemandem, der mit nichts zu dir kommt?" Seine Antwort: „Wirf es weg!" Auch wir tun gut daran, uns von vielem zu befreien, was uns belastet, vor allem aber von unseren Gedanken, die allzu oft unruhig und schwer sind: Man überlegt, was man noch alles erledigen muss. Man denkt über das nach, was man getan hat und ob es richtig war. Man grübelt, was dies bedeutet und was jenes für Folgen haben könnte. So beschäftigen wir uns mit allem Möglichen, nur nicht mit uns selbst und den existentiellen Fragen unseres Lebens. Um jedoch innerlich zur Ruhe zu kommen, ist es notwendig, die Dinge und sich selbst zu sehen, wie sie sind. Und das heißt, sich von Selbsttäuschungen, Zwängen und Illusionen zu befreien und die Sackgassen eines materiell und egozentrisch ausgerichteten Lebens zu vermeiden. Statt die Dinge einfach und leicht zu nehmen, so, wie sie sind, geht es uns oft wie dem Mann, der gerade mit seiner Fliegenklatsche zuschlagen will. Da fliegt die Fliege los und setzt sich auf die Fliegenklatsche.
Dem gegenüber weist Alan Watts den Weg zu einer absichtslosen, spontanen und zweckfreien Lebenshaltung, zu einer spirituellen Erfahrung, die ehrlich, aber nicht immer ernst ist. Mit Esprit und Humor macht er die Leser mit den Prinzipien des Zen-Buddhismus vertraut, erläutert die Grundbegriffe und gibt Einblicke in den Alltag eines Zen-Klosters. Aus den Zen-Geschichten und Koans, über die Alan Watts spricht, wird deutlich, was Zen als Lebensstil ist: Wer im Hier und Jetzt lebt, kann sehen, was ganz offensichtlich ist, und sich dem natürlichen Fluss der Dinge überlassen.

Der Autor
Alan Watts (1915–1973) ist durch seine ebenso verständlichen wie erhellenden Interpretationen östlicher Philosophie bekannt geworden. In zahlreichen Büchern befasst er sich mit der Philosophie des Zen-Buddhismus und des Taoismus. Bei Herder erschien außerdem: *Lebe jetzt! Der Weg der Befreiung.*

Alan Watts

Zen Zen

Die Weisheit des Nichtstuns

Aus dem Amerikanischen
von Bettina Trabert

FREIBURG · BASEL · WIEN

HERDER spektrum Band 6857

© Mark Watts, 2002

MIX
Papier aus verantwortungsvollen Quellen
FSC® C083411

© für die deutsche Erstausgabe:
Verlag Herder GmbH, Freiburg im Breisgau 2002

© Verlag Herder GmbH, Freiburg im Breisgau 2017
Alle Rechte vorbehalten
www.herder.de

Umschlaggestaltung: Zero Werbeagentur
Umschlagmotiv: © Evgeniya Anfimova – shutterstock

Satz: Barbara Herrmann, Freiburg
Herstellung: CPI books GmbH, Leck

Printed in Germany

ISBN 978-3-451-06857-7

Inhalt

Mark Watts: Einführung 9

1. Die Werke des Zen
   Ein Welches, für welches es kein Welcheres gibt 14
   Alles ist Alles 16
   Die Gefahr des Zen 17
   Wissen, wer wir sind 19
   Beweisbar Zen 22
   Die Weisheit des Nichtstuns 28

2. Das Bewusstsein des Organismus
   Alan Watts, no Label 33
   Die Konstruktion des Universums 35
   Entspannung 37
   Konzentration 40
   Gefühle 41
   Atmen 44
   Zur Ruhe kommen 44
   Die Heiligkeit der Ehe 46
   Die Suche nach *satori* 48

3. Einführung in die Zen-Praxis
   Die Faszination des Zen 50
   Die japanische Kultur 52
   $E = mc^2$ 54
   Zen-Rätsel 57
   Einladungen zum Zen 58
   Dogen 60
   Keine Absicht 61
   Plappernde Gedanken 63

4. Sosein
   Die buddhistische Welt 66
   Das soziale System des Buddhismus 68
   Methoden des Buddhismus 72
   Frei schwebende Mystiker 74
   Der Bodhisattva 78

5. Sosein, von einer Meta-Ebene aus betrachtet
   Ein Floß für die Überquerung des Flusses 80
   Sosein und Soheit 82
   Die Wahrnehmung des Menschen 83
   Das Bewegliche bejahen 85

6. Die Welt, so wie sie ist: Das Goldene Zeitalter des Zen
   Der Trick des Erzählens 89
   Plötzliches Zen 92
   Nicht dies, nicht das 94
   Das Nicht-Wissen des Bodhidharma 95
   Zen in historischer Perspektive 96
   Einen reinen Geist haben 99
   Geh-Zen 100

7. Die Welt, so wie sie ist (II)
   Wer trägt meinen Körper? 102
   Verhaltens-Zen 103
   Zen-Spiele 104

8. Die Welt, so wie sie ist (III)
   Die japanische Klostertradition 106
   Abstoßendes Zen 108
   Den Atem zählen 111
   Die Sensei-Überväter 112
   Der Abschluss der Zen-Ausbildung 113
   Den Stock aufgeben 118

9. Die Schranke ohne Tor
   Zen-Witze 119
   Nichts zu sagen 121
   Bodhidharma und Hui-k'o 122
   Sich selbst finden 124
   Realität: Der Buddha 125
   Mahakashyapa 126
   Chü-chihs Finger 127
   Der umgekippte Wasserkrug 128
   Das Symbol ohne Bedeutung 130
   Das Mandala 132
   Zeitbindung 135

10. Die Welt, so wie sie ist (IV)
    Dem Zen zuhören 139
    Die Teezeremonie 141
    Über die Kopflosigkeit 143
    Zen und Kunst 145
    Yin und Yang 154
    Radikales Zen 156

Mark Watts: Einführung

Die Tonbandaufzeichnungen, auf denen dieses Buch basiert, lagen vierzig Jahre lang vergessen im Schrank. Vor kurzem wurden sie von Charlotte Selver, der legendären Gründerin der *Sensory Awareness Foundation*, wieder entdeckt. Für diejenigen, die mit dem Leben und den vielfältigen Arbeiten meines Vaters nicht vertraut sind, möchte ich einige Worte zu dieser bemerkenswerten Reihe von Vorträgen, die er 1958 in New York hielt, sagen.

Alan Watts kam 1915 in der Nähe von London zur Welt. Sein Vater arbeitete für die Reifenfirma Michelin, seine Mutter unterrichtete Töchter von im Ausland arbeitenden Missionaren. Die Missionare brachten aus dem Fernen Osten oft Geschenke wie Landschaftsminiaturen oder feine Stoffe mit aufgestickten religiösen Motiven mit. Die Bilder taoistischer Mönche, die in den gewaltigen Bergen umherwandern, und die merkwürdigen Symbole exotischer Religionen faszinierten Alan. So kam es, dass er Jahre später, als er die *King's School* in Canterbury besuchte, ein starkes Interesse für die chinesische und japanische Kultur entwickelte. Schließlich fand er in einem Buchladen, der auf philosophische Werke spezialisiert war, auch Publikationen der Buddhistischen Gesellschaft in London. Bald besuchte er selbst die Gesellschaft und lernte Christmas Humphries kennen, kurz darauf auch D.T. Suzuki, der über Zen-Buddhismus sprach. Innerhalb weniger Jahre wurde Alan Herausgeber von *The Middle Way,* jener Zeitschrift, die ihn ursprünglich zur Buddhistischen Gesellschaft geführt hatte. Er hielt Vorträge über Taoismus, Chan- und Zen-Buddhismus. 1936, im Alter von 21 Jahren, veröffentlichte er das erste von vielen Büchern, *The Spirit of Zen (Vom Geist des Zen).* Einige Jahre später zog er nach New York um. Dort beschäftigte er sich sehr kurz mit Zen-Praxis, aber da es in diesem Feld kaum Arbeitsmöglichkeiten gab, schloss er sich dem Priesterseminar an, wurde anglikanischer Priester und arbeitete als Kaplan an der *Northwestern University.* Doch 1950 verließ er die Kirche, um sich dem zuzuwenden, was sich als lebenslanges Studium der asiatischen Philosophien erweisen sollte.

Nachdem er 1950 die Kirche verlassen hatte, ging Alan nach New York zurück, wo er Joseph Campbell, Luisa Coomaraswamy und den *Avant-Garde*-Komponisten John Cage kennen lernte. Er erhielt eine Einladung von Frederic Spiegelberg nach San Francisco, um an der dortigen *Academy of Asian Studies* zu lehren, und Ende des Jahres zog er mit seiner jungen Ehefrau Dorothy in den Westen. Sie lebten in Palo Alto, wo das erste von fünf Kindern geboren wurde, bevor sie in einen waldreichen Vorort jenseits des *Golden Gate* umzogen und ein kleines Haus kauften. In der Zwischenzeit war Alan Rektor der Akademie geworden, und als weitere Kinder auf dem Weg waren, entschied er sich für ein Leben als Schriftsteller. Kurz darauf nahm er seine öffentlichen Vorträge wieder auf, welche die Basis für das vorliegende Buch bilden.

Da wir mit Alan Watts als Vater aufwuchsen, konnten wir sein erzählerisches Talent in sehr frühem Alter kennen lernen. Der Höhepunkt des Tages kam jedes Mal kurz vor der Schlafenszeit, wenn wir den Abenteuern von Thud und Zudd zuhören durften, zwei weisen Kaninchen, die jeden Abend Wiesel und Bussarde austricksten, bevor sie sich in ihr unterirdisches Labyrinth zurückzogen. Wenn er gelegentlich müde wurde, neue Episoden der Kaninchengeschichten zu erfinden, wendete er sich der hinduistischen Mythologie zu, und gebannt lauschten wir den Geschichten über einen schlafenden Gott, der träumend die Welt erschuf und dabei die ganze Zeit ein kosmisches

Versteckspiel spielte, indem er vorgab, sich selbst nicht zu kennen. Natürlich geschah es so alle paar Millionen Jahre, dass der schlafende Gott zum Bewusstsein seiner selbst erwachte und mit seinen Brüdern und Schwestern spielte, so wie wir zwischen den Kiefern im Garten spielten. Doch all das fand in einer anderen Welt in einer weit entfernten Galaxie statt, oder vielleicht auch in einem Häufchen Staub auf der Abdeckung des Plattenspielers neben uns.

Damals, Mitte der fünfziger Jahre, als Alan Rektor der Akademie war, wurden die Gute-Nacht-Geschichten hin und wieder durch Abende in der Akademie abgelöst, wo er in einem Raum voller Studenten, Fakultätsangehöriger und Freunde über die Religionen des Fernen Ostens sprach. Zu dieser Zeit arbeitete er auch an einem Manuskript, aus dem später mit Hilfe eines Bollingen-Stipendiums *The Way of Zen* wurde, und so kreisten seine Vorträge gewöhnlich um Zen-Themen. Die Abendvorträge waren gut besucht; sie führten bald zu anderen Vortragsverpflichtungen und schließlich zu einer öffentlichen Radiosendung. Doch soweit bekannt ist, wurden die Akademie-Vorträge niemals aufgezeichnet, da tragbare Kassettenrekorder damals rar waren. Bis vor kurzem glaubte man, dass die frühesten Watts-Aufnahmen erst viele Jahre später in seinen regelmäßigen Samstagabend-Sendungen beim Radiosender KPFA in Berkeley, California, aufgezeichnet wurden.

Zur Vorbereitung einer Sonntags-Matinee ging Alan jeden Samstagabend in den Radio-Sender und sprach achtundzwanzig Minuten und dreißig Sekunden über ein vorher angekündigtes Thema. Die ersten Aufnahmen bestanden aus einer Reihe über die großen Bücher Asiens („The Great Books of Asia"), gefolgt von einer beliebten Sendereihe mit dem Titel „Way Beyond the West". Ohne Live-Publikum und mit diesem strikten Format war der Ton seiner frühen Radiovorträge im Vergleich zu seinen längeren und humorvolleren Akademievorträgen recht formal und schulmeisterlich. Dennoch erwiesen sich die Radiovorträge als ausgesprochen beliebt, und einige Beiträge wurden sowohl über KPFK in Los Angelos als auch über Radiostationen in Portland und Dallas ausgesendet. Schließlich begannen auch die großen öffentlichen Radiosender in Boston und New York, die Sendungen auszustrahlen.

Ab 1962 wurden die Studioaufzeichnungen allmählich durch Live-Aufnahmen ersetzt. Alans Vorträge wurden nun regelmäßig aufgezeichnet, oft von seinem späteren Archivar Henry Jacobs. Im Laufe der Jahre kam eine umfassende Sammlung von Tonbandaufnahmen zustande, und in den frühen siebziger Jahren fing die Elektronische Universität an, Kurse mit den Kassetten der Bibliothek anzubieten. Allerdings waren darunter wenige der frühen Aufnahmen, da sein früher Radiostil in starkem Kontrast zu den späteren, flüssig gehalten Vorträgen stand. Mit dem Fund der Zen-Tonbänder aus den späten fünfziger Jahren wurde auch der spontane und lebendige Ton seiner frühen Vorträge wieder entdeckt: Sie offenbaren den Enthusiasmus und den Humor, mit dem er das Thema angeht. Obwohl er kurz auf die Geschichte des Zen eingeht, ist es die Zen-Erfahrung, die im Mittelpunkt steht, wenn wir ihm im Frühjahr 1958 durch New York folgen. Um das Buch abzurunden, sind in den hinteren Kapiteln einige Beiträge aus einem Seminar („Die Welt, so wie sie ist") eingefügt. Sie fügen eine Note hinzu, die für seine reifen Werke typisch ist – zusammengenommen bieten sie eine höchst lebendige Einsicht in die Welt des Zen.

August 2002   Mark Watts

1. Die Werke des Zen

Ein Zen-Meister wurde einmal gefragt: „Was ist das wertvollste Ding der Welt?"
Ohne Zögern antwortete er: „Der Kopf einer toten Katze."
„Warum?"
„Weil keiner den Preis davon benennen kann."

Fangen wir mit diesem „toten Katzenkopf" an, denn hier geht es um eine Parabel über Zen als etwas vollkommen Unnützes. Jede gewöhnliche religiöse Philosophie scheint mir etwas Hochmotiviertes zu sein, etwas, das wir befolgen, weil wir denken, dass es uns oder die Welt verbessert oder dass es uns weiterbringt. Doch als der legendäre Begründer des Zen – Bodhidharma – von Indien nach China kam, führte er ein Gespräch mit dem Kaiser, der ein frommer Mann war und der viel für den Buddhismus getan hatte. Der Kaiser sagte zu Bodhidharma: „Wir haben Mönche und Nonnen ausgebildet, wir haben Klöster gebaut, in denen die heiligen Schriften übersetzt werden. Welches Verdienst liegt darin?"

Bodhidharma antwortete: „Gar kein Verdienst."

Der Kaiser hatte angenommen, dass der ganze Zweck des Buddhismus darin bestand, gute Werke zu tun, um Verdienst zu sammeln für eine bessere Inkarnation bei der nächsten Wiedergeburt. Verblüfft sagte er: „Was ist dann das erste Prinzip der heiligen Lehre?"

Bodhidharma antwortete: „Es ist leer, und es gibt nichts Heiliges."

„Wie aber kann es dann sein, dass du hier vor mir stehst?", verlangte der Kaiser zu wissen. „Wenn du kein heiliger Mann bist, durch welches Verdienst hast du Anrecht auf eine kaiserliche Audienz?"

Bodhidharma sagte: „Ich weiß es nicht."

Bodhidharma erzählte dem Kaiser also ganz einfach, dass es in der Sache gar nichts zu verdienen gab, dass kein Nutzen daraus zu ziehen war. Und dies ist natürlich das Merkwürdigste und am schwierigsten zu lernen: dass es einen Standpunkt gibt – philosophischer, religiöser, metaphysischer Art oder wie auch immer man es nennen will –, der die reinste Nutzlosigkeit wertschätzt.

Ein Welches, für welches es kein Welcheres gibt

Wenn wir darüber nachdenken, stellen wir fest, dass der katholische Gott auch ein vollkommen nutzloses Wesen ist. Wenn wir von Nützlichkeit sprechen, denken wir an Dinge, Ereignisse oder Entwicklungen, die einem bestimmten Zweck dienen. Aber auch Thomas von Aquin verglich die Weisheit Gottes mit einem Spiel, indem er sagte, dass Spiele um ihrer selbst willen gespielt werden und nicht für irgendetwas Zukünftiges, das daraus zu gewinnen sein könnte. Darin spiegelt das Spiel die göttliche Weisheit wider. Wie jeder Christ weiß, ist der höchste Triumph des Menschen das unmittelbare Anschauen Gottes.

Stellen Sie sich jemanden vor, der im Himmel ankommt, Gottes ansichtig wird und sagt: „Ja und?" Was ist der Nutzen davon? Dem Christentum zufolge ist die Anschauung Gottes das Ziel, zu dem alle Zwecke hinführen, der Moment, in welchem sie erfüllt werden. Es ist ein Welches, für welches es kein Welcheres gibt. Und daher ist es für sich selbst genommen recht zwecklos, denn es führt zu nichts Weiterem danach – es *ist* das Ziel. In der gleichen Weise ist das, womit wir uns im Zen befassen, ein Ziel. Also können wir nicht erwarten, daraus irgendeine Form von Ethik, System oder Philosophie zu gewinnen. Aus ihm lässt sich nicht viel ableiten, denn es ist ein Welches, für welches es kein Welcheres gibt.

In diesem Sinne kann man einen Satz auf Zen anwenden, den Paulus einmal gebrauchte, um die Kreuzigung zu beschreiben: „den Juden ein Ärgernis und den Griechen eine Torheit". Die Juden repräsentieren das ethische Volk, die Moralisten, und die Griechen die Philosophen. Vom Standpunkt sowohl der Moralisten als auch der Philosophen ist Zen ein Ärgernis und eine Torheit. Denn wenn wir versuchen, kurz zusammenzufassen, was Zen ist, können wir einfach sagen, dass es die Erkenntnis ist, dass du, so wie du in diesem Moment bist – ohne irgendwelche Zusätze, ohne irgendwelchen faulen Zauber – ein Buddha bist. Oder um es anders zu sagen: Du bist perfekt. Du hast nichts weiter zu tun – du bist am Ziel. Es gibt keinen Ort und kein Ziel, das man im Leben erreichen müsste, das sich von dem unterscheidet, was wir genau in diesem Moment sind.

Den immensen Reichtum und das Wunder des Lebens – genau so, wie es jetzt ist – übersehen wir normalerweise, weil wir immer denken, dass etwas anderes vor uns liegt. Und so könnten wir (sehr plump ausgedrückt) sagen, dass alles, gerade so wie es jetzt ist, vollkommen richtig ist. Aber dies ist nicht in einer überoptimistischen Weise gemeint, die glauben will, dass alles, so böse und schlecht es auch sein mag, eine Rolle im großen kosmischen Drama spielt und am Ende alles zusammen einen Sinn ergibt – ganz und gar nicht. Das, was das Leben ist, *ist* tatsächlich Ziel und Zweck; der Schmerzensschrei eines Krebskranken, wie er in diesem Moment ist, ist in einer so absoluten Weise richtig, dass die normale Bedeutung des Wortes „richtig" davor verblasst.

Alles ist Alles

Doch indem wir das gesagt haben, haben wir etwas Empörendes gesagt. Vom Standpunkt der Philosophen, der Griechen, bedeutet diese Aussage gar nichts. Sie ist purer Unsinn, da die Aussage „Alles ist richtig" das Wort „richtig" bedeutungslos macht. Schließlich hat, wie jeder Logiker weiß, „richtig" nur Bedeutung im Gegensatz zu „falsch". Wenn alles richtig ist und nichts falsch, dann sagt das vom Standpunkt des Logikers nicht mehr als „alles ist alles". Das ist genau das, was wir in der buddhistischen Philosophie sofort zugeben würden, nicht als logisches Prinzip oder als Behauptung, sondern als einfachen Ausruf.

Was wir gesagt haben, ist nicht die Schlussfolgerung aus einem Denkprozess, sondern der Versuch, eine Erfahrung auszudrücken – eine Erfahrung solcher Intensität, dass wir mit dem Versuch, sie in Worten auszudrücken, nicht weit kommen. Wir sind gezwungen, Unsinn von uns zu geben. Zu sagen, dass alles, wie es in diesem Moment ist, das *tao*, Gott oder Buddha ist, ist richtig – oder jedenfalls fast. Aber gerade, wenn wir im Begriff sind, diese Worte auszusprechen, ergeben sie keinen Sinn mehr. In einem schönen chinesischen Gedicht heißt es:

Chrysanthemen entlang des Östlichen Zaunes
In Stille auf die Südlichen Hügel schauend
Die Vögel wandern heimwärts
Durch die sanfte Bergluft der Dämmerung
In allen diesen Dingen liegt eine tiefe Bedeutung
Aber gerade wenn wir sie ausdrücken wollen
Vergessen wir plötzlich die Worte

Von diesem unsinnigen Satz – dass die Dinge, wie sie unmittelbar jetzt sind, vollkommen richtig sind, kann keine Folgerung abgeleitet werden. Er führt zu keinem System und zu keiner Philosophie. Man kann nichts darauf aufbauen, denn es ist kein erster Satz, sondern ein letzter Satz. Er ist bedeutungslos, in der gleichen Weise wie „Gott" in der christlichen Tradition bedeutungslos ist. Da Er kein Symbol ist, deutet Er auf nichts Weiteres hin, was über Ihn hinaus geht. Bedeutung ist hier im engeren Sinne verstanden als Eigenschaft von Symbolen, von Worten, die etwas anderes als sie selbst bezeichnen.

Die Gefahr des Zen

Aufgrund desselben Prinzips ergeben sich aus der Erfahrung fundamentaler, katastrophaler Richtigkeit keine Forderungen in Bezug auf das Verhalten. Sie kann nicht verwendet werden, um die Brüderlichkeit der Menschen zu untermauern. Wir können nicht sagen, dass wir, weil wir alle eins sind, uns untereinander als Brüder behandeln sollten. Denn wenn wir alle eins sind – wenn alle Dinge eins sind –, dann ist es genauso „eins", seine Großmutter zu ermorden, um die Erbschaft zu kassieren. Aber was dies offen legt, ist die Tatsache, dass man vom Zen keine Verhaltensregeln ableiten kann. Ein Zen-Sprichwort sagt: „Wenn du ein richtiger Mann bist, kannst du es dir erlauben, dem Bauern seinen Ochsen wegzutreiben oder dem hungrigen Mann sein Essen wegzunehmen." Kurz gesagt: Was diese Erfahrung anbelangt, ist alles erlaubt. Daher ist es vollkommen klar, dass wir, wenn wir von Zen reden, mit etwas zu tun haben, das potentiell eine enorme Gefahr darstellt.

Das ist der Grund, warum ich nicht oft genug sagen kann: Die Voraussetzung für das Studium des Zen ist, dass die Schüler im Sinne ihrer Kultur reif und diszipliniert sind. Zen ist nichts für Kinder. Es ist für Leute, die in der jeweiligen Tradition ihrer Kultur gründlich ausgebildet sind, welcher Art diese auch immer sein mag. Für die Chinesen bedeutete das die konfuzianische Art zu leben, die durch Zen in Japan bekannt wurde. Für einen westlichen

Menschen können das die Traditionen seiner Religion, seines Berufs, seines Fachgebiets oder gewöhnliche Verhaltensregeln und Moralvorstellungen sein. Zen kommt nach der Tradition: Es kann nicht mit dem westlichen Verständnis von Religion betrachtet werden. Wir erwarten von unseren Religionen, dass sie unsere sozialen Institutionen stützen. Das ist eine sehr wichtige und unentbehrliche Funktion von Religion. Zen ist anders: Es ist ein Weg der Befreiung. Also verstehen Sie Zen bitte nicht als irgendeine wunderbare neue Religion, die geeignet wäre, eine andere Religion oder Tradition zu ersetzen. Zen ist etwas jenseits davon – es ersetzt nichts, was wir schon in unserer Kultur haben, sondern fügt etwas hinzu.

Aber was fügt es hinzu? Nichts – außer dem Wunder des völlig Nutzlosen. Was Zen mitbringt, können wir also nur vermöge einer besonderen Sichtweise schätzen. Wir müssen in der Lage sein, ihm zu begegnen, ohne etwas Bestimmtes zu suchen, ohne eine bestimmte Absicht. „Ohne Absicht" zu sein, ist die fundamentale Bedeutung des im Taoismus und Zen wichtigen Ausdrucks *wu-wei*. Die Bedeutung ist komplex: *wu-wei* bedeutet „nicht handeln", „nicht bemühen", „keine Absicht haben". Es kann das bedeuten, was nicht geplant ist, was passiert, ohne dass es herbeigeführt wurde. Die wunderbarsten Dinge, die uns je im Leben passieren, sind die ganz und gar unerwarteten – so wie die große Entdeckung eines Erfinders, der auf der Suche nach etwas ganz anderem ist: Durch Zufall kommt er auf die viel wichtigere Entdeckung, während er dabei ist, sich an der Bar einen Drink zu genehmigen (um sich selbst glücklicher zu machen) und dabei unerwartet einen Freund trifft, was ihn noch glücklicher macht. Wenn wir die grundlegende Einstellung des Nicht-Suchens haben, sind wir offen für die Erfahrung dessen, was gerade jetzt passiert.

Wissen, wer wir sind

Die Grobheit und Direktheit des Zen-Stils dient dazu, uns wachzurütteln und festzustellen, wo wir uns befinden. Wenn man wissen will, was Realität ist, gibt es nur einen Weg, es herauszufinden: hinzuschauen und zu sagen: „Ich werde nicht glauben, was man mir erzählt hat. Ich werde nichts aus zweiter Hand übernehmen." Wir müssen es allein herausfinden. Wo bist Du? Wo ist gestern? Wo ist morgen? Wo ist unsere Vergangenheit, mit deren Hilfe wir uns gewöhnlich identifizieren? Wenn wir gefragt werden, wer wir sind, antworten wir nie direkt – stattdessen sagen wir immer, wer wir *waren*.

Um die legale, offizielle Realität eines Menschen zu begründen, produziert man eine Geburtsurkunde, die das historische Zeugnis seiner Existenz darstellt. Es sagt nichts darüber aus, wer man ist, und daher läuft alles auf eine Art Fiktion hinaus. Aber denken Sie daran, dass Sie von einem rechtlichen Standpunkt aus gesehen nicht existieren, wenn Sie nicht beweisen können, wer Sie waren. Und dies ist wirklich sehr grundlegend, denn es zeigt, dass das so genannte Ego – oder die eigene Existenz – nur ein Phänomen der Vergangenheit ist. In der Gegenwart hat es keine Realität. Wenn wir die gegenwärtige Realität, so wie sie ihrem Wesen nach ist, sorgfältig untersuchen, entdecken wir kein Ego darin. Wenn wir genau hinschauen, entdecken wir, dass wir nicht existieren.

Als Eka (chinesisch Hui-k'o, der zweite Patriarch des Zen) zu Bodhidharma kam, sagte er: „Meister, mein Geist hat keinen Frieden. Bitte beruhige meinen Geist." Nun heißt das chinesische Wort *shin*, das wir mit „Geist" übersetzen, im genauen Wortsinn nicht nur Geist. *Shin* bedeutet auch Herz, und wenn die Chinesen von *shin* sprechen, deuten sie nicht auf das Herz, sondern auf die Mitte des Oberkörpers. So ist *shin* das Zentrum des seelischen Lebens eines Menschen, das sowohl die bewussten als auch die unbewussten Aspekte mit einschließt. Es ist genau dort, wo man seine eigene Existenz spürt. Eka sagte eigentlich: „Mein *shin* hat keinen Frieden." Anders gesagt, das Zentrum seines Lebens, sein eigentliches Selbst, hatte keinen Frieden.

Bodhidharma forderte daraufhin Eka auf: „Gut, bring dein *shin* hierher, dann werde ich es beruhigen."

Eka antwortete: „Wenn ich danach suche, kann ich es nicht finden."

Darauf sagte Bodhidharma: „Sieh, es ist beruhigt."

So wurde Eka erleuchtet, denn er kam zu sich und erlangte Bewusstheit; als er nach diesem wertvollen Selbst suchte, war es nicht da. Anders gesagt war er in der gleichen Weise getäuscht, wie man getäuscht wird, wenn man alle Lichter löscht, eine Zigarette anzündet und sie mit der Hand herumwirbelt. Man sieht einen Feuerkreis, denn die Netzhaut behält die Spur des wirbelnden Punktes als eine Art Erinnerung. Aber wenn man genau hinschaut, weiß man, dass es keinen Kreis gibt, sondern nur einen Feuerpunkt. Der große Zen-Meister Dogen, der um 1200 n. Chr. lebte und die Verbreitung des Zen in Japan förderte, drückte es so aus:

Man sollte nicht sagen, dass das Feuerholz Asche wird. Da ist Feuerholz an seinem Ort und später ist da Asche an ihrem Ort. Erst gibt es Feuerholz, und dann gibt es Asche. Aber das Feuerholz wird nicht die Asche.

Denselben Gedanken spricht T. S. Eliot in *Four Quartets* aus, wenn er (sinngemäß) sagt: „Die Reisenden, die den Zug bestiegen und sich niedergelassen haben, um ihre Zeitungen zu lesen, sind nicht dieselben, die am Bahnsteig gewartet haben, noch sind sie dieselben, welche an irgendeinem Ort aussteigen werden." Um diesen Gesichtspunkt zu verstehen, dürfen wir nicht so sehr verstandesmäßig analytisch denken, sondern sollten eine bestimmte Einfältigkeit mitbringen, die einfach und direkt denkt. Das ist ein sehr hilfreicher Gemütszustand. Das ist wie der einfache Kerl, den keine Psychologie zu fassen bekommt: Wenn man ihm einen Rorschach-Tintenklecks-Test unter die Nase hält und ihn bittet zu sagen, was er da sieht, sagt er: „Ich sehe einen Tintenklecks." Mit dieser Herangehensweise kann man ihm nicht beikommen! Wir können genau hinschauen und sehen, dass die einzige Realität, in der wir leben, jetzt ist. Und dies ist nicht unbedingt eine einfältige, auf jeden Fall aber eine einfache Herangehensweise.

Lassen Sie mich das erläutern. Nehmen wir an, dass uns morgen irgendetwas Schlimmes passieren wird – vielleicht werden wir eine Operation haben, oder wir werden von der Polizei verhaftet und ins Gefängnis gesteckt werden. Nun, was kann uns das in diesem Moment tun? Es kann natürlich alle möglichen Arten merkwürdiger Gefühle in der Magengrube hervorrufen, unsere Handflächen zum Schwitzen bringen und kalte Schauer unseren Rücken hinunterlaufen lassen. Aber mehr als das kann es nicht tun – das ist das Äußerste, was irgendeine zukünftige Katastrophe uns anhaben kann. Wir stellen fest, dass wir – abgesehen von den kalten Schauern – in diesem Moment jenseits der Einflusskraft dieser Katastrophe sind und dass wir immer noch genügend Zeit haben werden, mit dem Unglück fertig zu werden, wenn es tatsächlich eintritt: Und das ist eine wunderbare Entdeckung.

Das Problem ist allerdings, dass in dem Moment, in dem wir anfangen, uns zu bemühen, im Jetzt zu leben, etwas schief geht. Wir müssen feststellen, dass das Problem, das uns daran hindert, gerade die Tatsache ist, dass wir die Absicht haben, so zu sein. *Wir versuchen mit Absicht, ohne Absicht zu sein.* Wir machen aus dem Leben in der Gegenwart ein Ziel, das wir erreichen wollen. Es ist dieselbe missliche Lage, in der sich ein Mensch befindet, dem gesagt wurde, dass er affektiert wirkt: Er versucht, sich ungezwungen zu geben, und zieht eine Schau ab, um ungezwungen zu wirken. Und das ist das Problem, mit dem Zen sich befasst – es zeigt einem, wie man aus diesem Teufelskreis herauskommt, und das in allen Bereichen unseres Lebens.

Beweisbar Zen

Wir sagen, dass Liebe selbstlos sein muss. Aber in dem Moment, in dem ich mit Absicht selbstlos bin, ist die ganze Liebesmühe vergebens. Und was können wir daran ändern? Wie kann man im ewigen Jetzt leben? Wie kann man wach werden, die Realität dieses Moments erleben, ohne es mit Absicht zu tun? Im Zen gibt es bekanntlich Wege, diese Einstellung zu vermitteln, indem man den Schüler durch direkte Demonstration in die Lage versetzt, selbst darauf zu stoßen – darüber zu stolpern, ohne es zu beabsichtigen.

In unserem Alltagsleben mag es uns scheinen, dass wir uns nur in wenigen Fällen wirklich natürlich geben: Nur selten leben wir ganz und gar im Moment. Im Geist des Zen soll dies unsere alltägliche und konstante Art zu leben sein. So stellt sich die Frage von neuem – wie kann man das tun? Natürlich wird es nicht irgendwie getan, es wird nirgendwie getan, eher so: Sagen wir, dass Sie in diesem Moment, wenn Sie mir zuhören, Schwierigkeiten haben, mir zu folgen oder aufmerksam zu sein. Sie wissen selbst: Wenn Sie versuchen, sich darauf zu konzentrieren, was ich sage, sind Sie mehr damit beschäftigt, sich zu konzentrieren, als darüber nachzudenken, was ich sage. Je mehr Sie sich bemühen, mir zuzuhören, desto mehr werden Sie scheitern. Genauso wäre es, wenn Sie sagten: „Nein, ich muss mich nicht bemühen, sondern einfach nur zuhören." Dies scheint Sie in eine missliche Lage zu bringen. Es ist wie die indische Redensart: Wenn du an einen Affen denkst, während du Medizin nimmst, wirkt die Medizin nicht. Demnach besteht der Trick darin, nicht an einen Affen zu denken, während man die Medizin nimmt. Nun, wenn Sie mir jetzt gerade zuhören, ist eins völlig klar: Ob Sie meinen Worten aufmerksam zuhören oder nicht, wenn Sie keine Stöpsel oder Watte in die Ohren stopfen, wird meine Stimme Sie so oder so erreichen. Sie können sie nicht abstellen.

Entsprechend erreichen Sie nichts, wenn Sie einen Weg suchen, im Jetzt zu leben, und anfangen, sich auf das Jetzt zu konzentrieren. Je mehr Sie anfangen, über diesen gegenwärtigen Augenblick nachzudenken, desto unendlich kürzer wird der Augenblick. Es mag Ihnen so erscheinen, dass Sie in einem wahrhaft nicht-existenten Niemandsland zwischen der ganz und gar realen Vergangenheit und der ganz und gar realen, aber nicht greifbaren Zukunft leben. So kann es sein, dass Sie Angst bekommen und denken, dass Sie absolut keine Zeit haben, um darin zu leben – überhaupt keine Zeit, keine Zeit für irgendetwas.

Wir haben Armbanduhren mit kleinen Linien als Markierungen, und wenn wir sie tragen und oft genug darauf schauen, fangen wir zu grübeln an, ob diese kleinen Linien alles sind. Wir sind nie lebendig, solange wir unser Leben davon bestimmen lassen, wann die Zeiger bestimmte Markierungen erreichen. Wenn man darüber nachdenkt, gibt es überhaupt keine Zeit. Der Moment ist niemals da, wenn wir versuchen, ihn zu greifen. Das ist es, was der Buddhismus meint, wenn er von der Vergänglichkeit der Welt spricht. In der buddhistischen Philosophie ist die reale Welt streng genommen weder beständig noch unbeständig. Diejenigen Dinge, die uns beständig erscheinen, sind unbeständig – genau in dem Maße, in dem wir versuchen, sie zu greifen. Wenn man seinen Schatten jagt, rennt er genauso schnell weg, wie man ihn verfolgt. Also ist die Zeit, sobald wir versuchen, sie festzunageln, schon verflogen.

Man kann das auch so verstehen: Wenn man eine Stimme hört oder ein Licht sieht, existiert der Moment für uns dann, wenn der Schall an unser Ohr dringt und das Gesehene an unser Auge. Es geht nicht darum, diesen Moment zu finden, daran hängen zu bleiben oder ihn in uns aufzunehmen – wir haben keine Alternative, und wir können nichts anderes tun. Auch dies zu wissen ist in einer gewissen Weise befriedigend. In den Worten von E'no (auf chinesisch Hui-neng), dem sechsten Patriarchen des Zen:

In diesem Moment gibt es nichts, was sein wird. In diesem Moment gibt es nichts, was aufhört zu sein. Also gibt es nichts, was Geburt und Tod zu Ende bringen. Deshalb ist die absolute Ruhe des Nirvana genau dieser Moment. Obwohl sie es in diesem Moment ist, gibt es keine Begrenzung für diesen Moment. Und darin liegt unendliche Freude.

Wenn Sie also versuchen, die Realität zu erkennen und diesen Moment ganz und gar bewusst zu erleben, werden Sie zwangsläufig feststellen, dass Sie es versuchen, dass Sie sich bemühen: Sie gehen diese Erfahrung absichtsvoll an, um etwas herauszuholen. Das ist nur natürlich. Dann werden Sie feststellen, dass Sie sich in dem Maße, in dem Sie sich bemühen, selbst davon abhalten, etwas herauszuholen. Wir betrachten das Leben als etwas von uns Verschiedenes, als etwas, das verfolgt werden muss, als ob es ein Bierfass wäre: Wir wollen etwas herausholen. Doch unsere Erfahrung gehört tatsächlich im gleichen Maße unserem Selbst an, wie es auch etwas davon Verschiedenes ist. Das ist, was der Zen-Satz meint: „Jede Pfütze enthält den gesamten Mond." Wenn es keinen Mond am Himmel gibt, gibt es keinen Mond im Wasser. Wenn es auf dem Boden kein Wasser gibt, gibt es keinen Mond im Wasser. Entsprechend gibt es, wenn es nichts zu sehen gibt, kein Sehen. Wenn es niemanden gibt, der sieht, gibt es kein Sehen. So hängt die Erfahrung des „Ich" und „Du" ebenso an der Existenz des Subjekts wie des Objekts. In den Worten eines Zen-Gedichtes:

Die Bäume zeigen die körperliche Form des Windes
Die Wellen zeigen die geistige Lebenskraft des Mondes
Wenn es keine wogenden Bäume gäbe
Wüssten wir nichts von der Kraft des Windes
Wenn es keine Wellen gibt
Kann der Mond sich nicht in tausend Teile brechen und tanzen

Wenn Sie die Außenwelt anschauen, was sehen Sie? Sie sehen sich selbst. Sie sehen, was auf der Netzhaut Ihres Auges, was in Ihren Nervenbahnen ist. Doch wenn Sie sich selbst anschauen, was sehen Sie dann? Ebenso die Außenwelt. Das Verhältnis ist gegenseitig. Aufgrund dieser Gegenseitigkeit gibt es keine wirkliche, endgültige Möglichkeit, dass eines etwas aus dem anderen heraushol. Man kann die Außenwelt nicht als Bierfass betrachten – obwohl sie erfreulicherweise manchmal ein Bierfass enthält. Zu versuchen, etwas aus der Welt herauszuholen, ist so, als ob man auf seiner eigenen Zunge kaute, um auf den rechten Geschmack zu kommen. Diese gierige Herangehensweise an den Moment erweist sich schnell als undurchführbar. Wenn Sie versuchen, etwas aus dem Moment herauszuholen, werden Sie zu dem Schluss kommen, dass es nicht möglich ist. Und auch wenn Sie sich tatsächlich immer noch damit abmühen, weil Sie es nicht lassen können – es ist so, wie es ist. Wenn ich feststelle, dass ich versuche, den Moment festzunageln, nun, dann versuche ich ihn festzunageln, und daran ist nichts zu ändern. Machen Sie sich klar, dass sowieso alles hier ist. In diesem Moment fangen Sie an zu sehen, dass Sie in dieser Gegenwart leben, und dafür müssen Sie sich nicht erst einen offenen Geisteszustand zulegen. *Sie müssen sich selbst entdecken, wie Sie sind, nicht so, wie Sie in der nächsten*

Minute sein werden. Sogar wenn Sie versuchen, etwas zu greifen oder herauszuholen, *ist das* der Moment – er fängt nicht erst an, wenn Sie Zeit haben, sich darauf einzustellen und anders zu sein. Hört sich Zen so nicht einfach an? Nichts tun. Wirklich! Ich meine das so: Nichts.

Einige von Ihnen werden vielleicht fragen, wie in Gottes Namen das in Einklang zu bringen ist mit dem, was man in Japan findet. Wer sich dort entschließt, Zen ernsthaft bei einem Meister zu studieren und in ein Kloster zu gehen, braucht eine ungeheure Disziplin. Man meditiert stundenlang, und das vielleicht dreißig Jahre lang, aber der Lehrer sagt immer noch: „Mach weiter, lass nicht locker. Bring alle Energie für die Suche auf, arbeite mit deiner ganzen Kraft daran, auf den Grund dessen zu gelangen, was dein *koan* (dein Meditationsproblem) bedeutet." Alle diese Mönche bemühen sich aufs Gewissenhafteste, sie lassen sich fast wie Soldaten zur Aufmerksamkeit rufen, sie tun alles mit doppeltem Eifer. Vielleicht wollen Sie einwenden: „Das ist verrückt. Hier hören wir, was Leute wie Suzuki oder Watts über Zen berichten, die eine wunderliche Einstellung dazu haben, als ob wirklich nichts daran wäre. Und in Japan finden wir diese zielgerichteten, entschiedenen, immer sich mühenden Mönche. Wie passt das zusammen?"

Nun, darauf gibt es zwei Antworten. Die eine ist, dass manchmal der längste Umweg der kürzeste Weg nach Hause ist. Wenn Sie zum Beispiel nicht zur Ruhe kommen und schlafen können, ist eines der möglichen Heilmittel, sechsmal so schnell Sie können um den Block zu rennen. Dann stellen Sie fest, dass Sie einfach keine andere Wahl haben, als zur Ruhe zu kommen. Das ist der Stil des Zen, wie man es heute sieht. Die Lehrer wissen, dass eine Art, die Menschen dazu zu bringen, mit dem Suchen aufzuhören, die ist, sie so nachdrücklich wie möglich dazu anzuhalten, bis sie völlig ausgelaugt sind. Dies ist die Methode des „töte oder heile". Und manchmal funktioniert sie wirklich. Manchmal auch nicht. Wie dem auch sei, das war nicht die Art, wie Zen ursprünglich in der T'ang-Dynastie praktiziert wurde, in der Zeit des sechsten Patriarchen und seines direkten Nachfolgers. Diese saßen nicht stundenlang ohne Pause da, um über ein *koan* nachzudenken oder zu versuchen, ihren Geist zu leeren. Ich habe, so gut ich konnte, nach Dokumenten aus dieser Zeit geforscht, um herauszufinden, was genau damals vor sich ging, und – außer leicht spöttischen Kommentaren – kann ich nichts finden, was mit diesen langen Sitzübungen des *Zazen* zu tun hätte. Aber das heißt nicht, dass die Mönche damals nur im Kloster herumhingen und sagten, Zen bedeute, all die netten Dinge zu tun, zu denen man zufällig gerade Lust habe.

Sie beschäftigten sich mit einem sehr ernsthaften Problem, vielleicht dem grundlegendsten Problem des Lebens. Ich habe versucht zu zeigen, dass ein Zusammenhang zu wirklicher Selbsterkenntnis und Bewusstwerdung des Selbst besteht. Schließlich mag es einen direkteren Weg zu Stille, Nicht-Handeln und Nicht-Suchen geben, als sich selbst auszulaugen. Sich selbst auszulaugen, funktioniert für den groben Kerl, der durch die harte Schule gehen muss, aber der klügere kann das Paradox verstehen. Anders gesagt, kann er gefühlsmäßig erkennen, dass es unmöglich ist, etwas aus diesem Moment herauszuholen. Er kann sich damit auseinander setzen, wer das ist, der da versucht, etwas herauszuholen. Oder er kann einfach durch die Betrachtung der ganzen Situation feststellen, dass das, worum er sich bemüht – etwas aus dem Leben herauszuholen –, unmöglich ist. *Das* ist es, was die frühen T'ang-Meister sehr einfach und direkt mit ihrer Klosterdisziplin zu vermitteln versuchten. Die ganze Literatur dieser Epoche hat nur dieses eine Ziel. Lin-chi, der unter dem Namen Rin-zai berühmt ist – einer der größten Meister der T'ang-Dynastie, der um 867 n. Chr. starb –, pflegte alle seine Schüler zu schütteln und zu sagen: „Sieh, verstehst du nicht? Du folgst dem Weg."

Die Weisheit des Nichtstuns

Im Buddhismus geht es nicht darum, sich anzustrengen: „Sei einfach normal und mach nichts Besonderes. Verrichte deine Notdurft, nimm dein Essen zu dir, zieh deine Kleider an. Wenn du müde bist, leg dich hin. Der Dumme wird dich verspotten, aber der Weise wird verstehen." Und noch einmal: „Wenn ein Mensch den Weg sucht (das *tao*), verliert er den Weg." Wenn man versucht, das *tao* zu üben, wird das *tao* nicht wirken. Verwirrende Begleitumstände werden auftauchen und alles durcheinander bringen. Immer wieder betonen die Lehrschriften die Tatsache, dass man es durch Suche und Bemühung nicht erreichen kann. Ein wahrhafter Mensch begegnet den gewöhnlichen Lebensumständen als seinem direkten Karma. Wenn er laufen muss, läuft er. Wenn er sitzen muss, sitzt er. Er hat keine Begierde, ein Buddha zu werden. Warum ist das so? Einer der Alten sagte: „Wenn du Buddha mit voller Absicht suchst, ist dein Buddha nichts als *samsara*, der Hamsterkäfig von Geburt und Tod."

Offensichtlich kann eine solche Doktrin – oder besser gesagt: ein solcher Ansatz – leicht missverstanden werden. Manche, die dies für besonders schlau halten, können daraus eine Rechtfertigung für fatalistisches Faulenzen ableiten. Zum Ende der T'ang-Dynastie war Zen in China außerordentlich erfolgreich und genoss die Förderung verschiedener Kaiser. Riesige Klöster schossen aus dem Boden, und selbstverständlich schickten die gläubigen Buddhisten ihre Kinder dorthin. (Es war genauso wie im England des 18. Jahrhunderts, wo der dritte Sohn der Familie stets Geistlicher wurde, ob er sich dazu berufen fühlte oder nicht.) Vierzehnjährige – fast noch Kinder – kamen in diese riesigen Klöster, ohne eine besondere Berufung dafür zu haben. Und was sollten die Meister tun? Sie hätten sagen können: „Geh nach Hause", aber dann hätten sie die Unterstützung der Eltern verloren ... und letztendlich dachten sie praktisch. Also sagten sie: „In Ordnung, wir müssen uns um diese Jungen kümmern. Wir müssen sie erziehen." Es gibt nur einen Weg, das zu tun: Man lässt sie still sitzen und bewacht die Meditierenden mit einem großen Stock. Es hält sie davon ab, Unsinn zu machen! Außerdem muss man sie dazu bringen zu studieren: Lass sie die konfuzianischen Klassiker und buddhistischen Schriften studieren und auswendig lernen. Lass sie Fragen beantworten, und gib ihnen zum Schluss ein unlösbares Problem mit vollkommen närrischen Fragen, so dass sie schließlich herausfinden werden, dass es nichts herauszufinden gibt.

Die Zen-Ausbildung, wie wir sie heute sehen, entwickelte sich in etwa genauso, wie man sie im Jesuiten-Noviziat oder in englischen Privatschulen findet. Und es ist ein Privileg, einer solchen Institution mit ihren Hierarchien angehört zu haben, denn dann kann man sie, wo auch immer man sie findet, erkennen und sich davor hüten. Aber sie haben ihre Berechtigung. Diese Klöster bringen einen sehr feinen Persönlichkeitstyp hervor: Menschen mit starkem Charakter, die humorvoll, ausgeglichen und furchtlos sind. Aber es ist dennoch ein Typ, ein Stereotyp. Mitunter kommt just zum Ende der Ausbildung – pardauz! – ein freier Mensch heraus, der die ganze Sache durchschaut und der den wundervollen Namen, den man den Mönchen gibt, wirklich verdient: *unsui*, was „Wolke und Wasser" bedeutet, denn wie eine Wolke schwebt er und wie Wasser fließt er dahin. Er hat keinen Ort, wo er hingehen müsste, kein Ziel, nichts mehr, was es zu erreichen gilt, nichts mehr, was er aus dem Leben herausholen müsste, denn es ist alles schon hier.

Nun sagen Sie vielleicht: wie langweilig – keine Motivation, nichts mehr zu tun. Wäre das nicht eine soziale Katastrophe, wenn wir viele solche Menschen hätten, die kein Ziel im Leben haben? Würde nicht einfach alles zusammenbrechen und sich als unerträglich herausstellen? Zunächst einmal würde es generell sehr viel besser sein, wenn es recht viele Menschen in unserer Kultur gäbe, die kein Ziel im Leben haben. Denn es würde ein Gegengewicht setzen zu den Menschen, die zu viel davon haben, und wir würden zu einem glücklichen Mittelmaß kommen. Denn man muss zugeben, dass der westlichen Zivilisation – selbst da, wo sie nicht mehr christlich ist – immer noch ein missionarischer Geist eigen ist. Unsere Zivilisation bemüht sich zu zeigen, dass sie die richtige ist, indem sie alle dazu bekehrt – und das ist immer verräterisch. Ein Mensch, der dich bekehren will, glaubt nicht wirklich an das, was er sagt. Er muss dich dazu bringen, zuzustimmen, um sein eigenes Gefühl der Unsicherheit zu überdecken. Wir haben in der westlichen Welt immer das Gefühl, irgendwohin gehen zu müssen, weil wir uns da, wo wir sind, nicht in Ruhe hinsetzen können. Wir haben, wie man sagt, psychologische Hummeln unter dem Hintern. Wir können nicht ruhig stehen bleiben. So ist ein Schritt in Richtung Ziellosigkeit in unserer Kultur – auch wenn er sehr oberflächlich wäre – nichts, wovor man ernsthaft Angst haben müsste.

Die tiefere Frage, ob diese Ziellosigkeit alle Kreativität auslöschen würde, hat sich durch die Geschichte als Unsinn erwiesen. In China entwickelte sich eine intensive Kreativität in einem der großen Zeitalter des Zen, der Sung-Dynastie. Zen war der Hintergrund für die Entwicklung der besten Leistungen chinesischer Literatur, Kunst und Architektur. Allerdings ist es schwer zu erkennen, wie sich Zen konkret in ihnen manifestiert. Zen hat eine starke Abneigung dagegen, den Wert einer Sache offen herauszustellen, denn es hat etwas, was seine Schüler den „verborgenen Wert" nennen. Man nennt das auch „einen Brunnen mit Schnee füllen". Man füllt den Schnee hinein, aber er verschwindet, er macht keinen Unterschied, er hinterlässt keine Spur. Wenn ein Bodhisattva zufällig etwas Gutes tut, lässt er nichts darüber verlauten, dass er es getan hat. Seine ganze Orientierung ist der Bemühung abhold, durch welchen Eingriff auch immer die Welt zu verändern. Er vertraut darauf, dass die Welt sich in einer geordneten Weise verändert. Sie *wird* sich verändern, wenn man sie in Ruhe lässt. Aber „in Ruhe lassen" heißt nicht, dass man sich von der Welt fernhalten sollte. Es bedeutet: Lass die Welt in Ruhe in dem Bewusstsein, dass du dich wirklich nicht von ihr fernhalten kannst – du bist ein Teil von ihr. Keiner ist von allem anderen unabhängig. Man fängt an, das gleiche Gefühl für die Außenwelt zu bekommen, das man für den eigenen Körper hat. Wenn man Wolken über seinem Kopf schweben sieht, fühlt man es in der gleichen Weise, wie man ein Grummeln in seinem Bauch fühlt oder das Ein- und Ausströmen des Atems oder den eigenen Herzschlag. Man bemerkt: „Ich tue das; diese Wolken – ich bewege sie." Sie fragen mich, wie ich sie bewege? Tja, ich weiß es nicht. Ich weiß nicht, wie ich atme, aber ich tue es. Und genauso ist es mit den Wolken. Umgekehrt bin nicht ich es, der meine Hand hebt, sondern das ganze Universum hebt sie. Es gibt zwei Möglichkeiten, ein und dieselbe Sache zu betrachten.

Von dem Standpunkt aus, dass niemand die Welt herumkommandieren kann und die Welt auch uns nicht herumkommandiert, geschieht alles einfach genauso wie jetzt. Reden wir erst gar nicht von Trägheit, fehlender Aktivität oder Zerstörung des kreativen Geistes, denn alles ist sowieso hier. Genau hier existiert ein Universum. Braucht man Motivation, um es zu machen? Muss die Sonne durch eine große zielgerichtete Gesinnung dazu gebracht werden zu scheinen? Das alles ist sowieso hier und voraussichtlich wird es so weitergehen. Wir müssen nicht leiden aus Angst (oder vielmehr durch die Annahme), dass die Welt nicht funktioniert, wenn wir sie nicht bewegen. Wenn wir versuchen, sie zu bewegen, stellen wir fest – wenn wir achtsam sind –, dass wir keinen Platz mehr haben, die Füße hinzustellen, um ihr einen Stoß zu geben. Um eine wunderschöne Metapher von R. H. Blythe zu gebrauchen: „Es ist so, als versuchten wir, eine Fliege mit einer Klatsche zu erschlagen – doch die Fliege fliegt auf und setzt sich auf die Fliegenklatsche."

2. Das Bewusstsein des Organismus

Alan Watts, no Label

Ich will mit einer kurzen Erläuterung anfangen. Vor einiger Zeit war ich bei einem Radiosender als Teilnehmer einer Podiumsdiskussion über „Mensch und Religion". Bevor wir auf Sendung gingen, sagte der Moderator: „Warum stellen sich nicht alle Teilnehmer der Reihe nach vor?" Ich saß zu seiner Linken, und der Mann auf der rechten Seite begann: Rabbi Soundso, Jude; Pfarrer Soundso, Protestant; Pater Soundso, katholischer Priester; Doktor Soundso, Philosophieprofessor, Logiker, Positivist – und so weiter. Als ich an der Reihe war, sagte ich: „Alan Watts, no label." Sofort gab es einen Aufschrei: „Das ist nicht fair!"

Ich sage aufrichtig „no label" – kein Etikett, keine Kategorie –, denn obwohl ich viel über Zen spreche, bezeichne ich mich nie als „Zen-ist" oder als Buddhist, denn das scheint mir so, als wolle man den Himmel in eine Kiste packen. Es ist ähnlich schwer, die Arbeiten von jemandem wie Charlotte Selver zu kategorisieren. Ich bin zu der Überzeugung gelangt, dass es einfach kein „was" gibt, wonach ihr Werk zu benennen ist. Manche Leute wissen, dass ihre Arbeit etwas mit dem physischen Organismus zu tun hat, aber es geht nicht darum, Tanzen oder Entspannung zu lernen – es gibt keinerlei praktische Übungen. Ihre Arbeit ist nicht wirklich psychologisch. Sie ist nicht wirklich physisch. Ganz sicher geht es nicht um Körperkultur: Wir müssen uns einfach mit der Tatsache zufrieden geben, dass es keinen Namen dafür gibt.

Dafür gibt es einen einleuchtenden Grund, wie es auch einen einleuchtenden Grund dafür gibt, dass es keine Definition des Zen gibt: Alle Systeme, die eine vorgefasste Meinung darüber haben, was der Mensch ist und was die Welt sein sollte, kategorisieren das Leben mit Etiketten. Fanatische Menschen, die ganz feste Ideen von einer Ordnung haben, die sie der Wirklichkeit aufzwängen wollen, benutzen ebenfalls Etiketten. Aber wenn es einem nicht darum geht, die Welt zu ordnen, sondern sie zu verstehen, sie zu erleben und etwas darüber zu erfahren, dann gibt man diese Einstellung auf und wird empfänglich.

Statt alles *darüber* zu wissen, kommt man dazu, es direkt zu wissen. Aber es ist schwer, über dieses Wissen zu sprechen, weil man es fühlen muss. Es ist wie der Unterschied zwischen dem Verzehr des Essens und dem Verzehr der Speisekarte. Das Essen bezieht sich auf den ganzen Organismus. Und das ist im Folgenden unser Thema: das Bewusstsein des Organismus im Taoismus und Zen.

Es ist wichtig, in diesem Kontext das Wort „Organismus" zu verwenden und nicht „Körper" oder „physischer Apparat" oder etwas Ähnliches. Denn die Sichtweise des Universums, die der Taoismus entwickelte – und später ins Zen einbrachte – ist eine organische Weltsicht. Wir müssen zunächst eine Pause machen, um zu verstehen, was das bedeutet. Wir definieren einen Organismus, indem wir ihn vom „Mechanismus" unterscheiden. Ein Mechanismus wird grundsätzlich so konstruiert, dass man verschiedene Teile nimmt und sie so zusammenfügt, dass sie eine vorher erdachte Ordnung ergeben. Das Zusammenfügen eines Mechanismus erfordert zunächst einmal jemanden (außerhalb), der ihn zusammenfügt, jemanden, der einen vorgefassten Plan hat, was daraus werden soll. Was Aufbau und Funktion betrifft, ist ein Organismus ganz anders. Er fängt nicht als eine Ansammlung von Teilen an, sondern als mehr oder weniger einfache Struktur, die – von innen nach außen wirkend – ihre Teile aus sich selbst heraus zusammenstellt. Ein Organismus fängt als Ganzer an und hört als Ganzer auf. Er wird nicht konstruiert. Auf merkwürdige Weise sind alle Teile genau gleichzeitig da. Es scheint keine Kontrollinstanz zu geben.

Eine antike Parabel erzählt von einem Körper, dessen aktive, fleißige Glieder anfingen, sich über den Magen zu beschweren. Die Hände, die Füße und natürlich der allwissende Kopf versammelten sich und sagten: „Der Magen bekommt alles Essen, aber verrichtet keine Arbeit. Wir Augen – wir sehen, wir zeigen, wo es lang geht. Wir Füße – wir tragen. Wir Hände – wir gehen sogar so weit, dass wir das Essen für diesen faulen Magen zum Mund hochheben. Wir haben genug davon, wir streiken. Wir werden den Magen nicht weiter füttern." Tja, Sie wissen, was passierte – sie wurden alle schwächer und schwächer und begannen, ihre Kraft zu verlieren. Im Menschen – in der Totalität des menschlichen Organismus – müssen wir alle wesentlichen Teile als gleichgestellt betrachten, da alle eine notwendige Rolle für das Wohlergehen des Ganzen spielen.

Dennoch wundern wir uns, wie im Leben etwas existieren kann, ohne hoffnungslos im Chaos zu versinken, wenn es niemanden gibt, der sich darum kümmert. Wir denken dies sogar in den Vereinigten Staaten, wo wir unsere Gesellschaft eine Demokratie nennen. Wir denken so, da wir eine kulturelle Tradition geerbt haben, die dazu neigt, das Universum als Mechanismus zu betrachten – konstruiert von einem göttlichen Architekt, der den *logos*, den Plan, die Ordnung im Sinn hatte, bevor er das Artefakt schuf. Und in einem psycho-physischen Sinn betrachten wir sein Werk als Realisierung des Plans des göttlichen *logos*.

Die Konstruktion des Universums

Also betrachten wir das Universum als Konstrukt, als etwas Geschaffenes. Selbst wenn wir atheistisch und agnostisch denken und an den wissenschaftlichen Empirismus glauben, denken wir dennoch weiterhin in diesen Denkstrukturen, da wir das Universum in mechanischen Begriffen verstehen – konstruiert, intellektuell, mathematisch. Da wir die natürliche Welt in diesen Begriffen darstellen, werden wir verwirrt und fangen an zu denken, dass die Begriffe selbst die wahre Natur der dargestellten Realität sind. Es ist so, als würden wir Farbe und Musik und Geschmack und Empfindung in Worte übertragen, um uns davon zu überzeugen, dass dies alles nichts als Klang ist. Mit diesem Hintergrund ist es für uns recht schwierig vorzustellen, wie es ohne Kontrollinstanz und mechanische Struktur eine Ordnung in der Welt geben kann.

Doch dies ist die fundamentale Einstellung zur Natur im Taoismus, die *tzu-jan* oder „selbst-so" genannt wird – alles funktioniert spontan und von selbst. Alles entsteht gegenseitig, nicht das eine zuerst, und dann ein Zweites. Nicht zuerst Dunkelheit und dann Licht. Nicht zuerst eine Seite der Dinge und dann die andere, sondern irgendwie kommt alles zusammen ins Leben. Das ist die fundamentale taoistische Einstellung zur Natur der Welt und ihrer diversen gegensätzlichen und korrelierenden Aspekte, deren Prototypen im Chinesischen *yang* (das positive Prinzip) und *yin* (das negative Prinzip) sind. *Yang* ist das maskuline und *yin* das feminine Prinzip. Dieses Konzept wird nicht mit Überlegenheit oder Unterlegenheit assoziiert. Das Männliche ist nicht überlegen, und das Weibliche ist nicht unterlegen: Ihr Entstehen ist wechselseitig. *Yang* hat keine Bedeutung ohne *yin*, und *yin* hat keine Bedeutung ohne *yang*. Nimm *yang* weg, und es gibt kein *yin*. Nimm *yin* weg, und es gibt kein *yang*.

Wenn wir an die Vielzahl von Ereignissen, Dingen oder Tatsachen denken, welche die Welt ausmachen, können wir logisch verstehen, dass es immer zumindest zwei gegeben haben muss. Ein Ding allein, eine Tatsache allein, ein Ereignis allein ist vollkommen undenkbar. Man könnte es nicht wahrnehmen: Es wäre wie eine schwarze Katze in einer dunklen Nacht – aber in einer nicht wahrnehmbaren

Nacht, da es kein Licht als Kontrast gäbe. Es sähe ungefähr so aus, als würde Ihr Kopf ohne Hilfe eines Spiegels Ihre Augen betrachten.

Wenn wir sehen können, dass wir in einer organischen Welt leben, die *tzu-jan* – aus sich selbst heraus – funktioniert, darf diese Welt, wenn man harmonisch darin leben will, nicht als etwas zum Herumkommandieren betrachtet werden, als etwas, das *unserem* Willen unterworfen ist. Fundamental für die taoistische Philosophie ist die Einstellung, die *wu-wei* genannt wird (die Japaner sagen *mui*), was „nicht-Eingreifen", „nicht-Bemühen", „nicht-Zwingen" bedeutet und nicht bloße Inaktivität. Eine der wundervollsten Darstellungen von *wu-wei* ist *Jiu-Jitsu* – ein sehr aktiver Kampfsport. Aber man widersetzt sich dem Gegner hier nicht. Man nimmt ihn, wie er kommt, und lässt seine Bewegung zu ihrer logischen Vollendung kommen. Tatsächlich ist *Jiu-Jitsu* oder *Judo* eine praktische Anwendung taoistischer Philosophie. Also sprechen wir in diesem Zusammenhang nicht über eine „entspannte" Einstellung zum Leben – ein Wort, das oft falsch verwendet wird.

Entspannung

Was bedeutet es, entspannt zu sein? Viele Leute denken, dass „entspannt sein" bedeutet, wie ein feuchtes Kleid auf der Wäscheleine zu hängen. Der Schlüssel zur Entspannung im taoistischen Denken ist Gleichgewicht – das harmonische Gleichgewicht von *yin* und *yang*. Wenn man zum Beispiel einen Arm hebt, was passiert dann? Wenn wir unsere Muskeln so anspannen, zieht sich der Bizeps zusammen und der Trizeps entspannt sich. Es ist eine entspannte Bewegung, obwohl sowohl Entspannung als auch Anspannung beteiligt sind, sowohl *yin* als auch *yang*. Seltsam genug werden Bizeps und Trizeps in unserer medizinischen Nomenklatur „antagonistische" Muskeln genannt, während sie eigentlich als „komplementäre" Muskeln bezeichnet werden sollten. Wenn wir sie gegeneinander kämpfen lassen, bekommen wir Krämpfe; wir lähmen uns selbst. Das ist der Punkt, den Taoisten immer hervorheben; Lähmung ist die zwangsläufige Folge, wenn man das Universum vom Standpunkt eines „allmächtigen Gottes" betrachtet. Im *Tao Te Ching* sagt Lao-tzu:

Das große Tao fließt überall, sowohl links als auch rechts.
So kommen alle Dinge ins Leben und nichts wird zurückgewiesen.
Es liebt und nährt alle Dinge, aber kommandiert sie nicht.
Ist das Werk vollbracht, erhebt es keinen Anspruch auf sie.

Statt Ereignisse zu kontrollieren, agiert es wie das Judo-Prinzip, wie Wasser. Fast könnten wir sagen, „es beugt sich, um zu bezwingen", aber „bezwingen" ist nicht das richtige Wort, eher wirkt es mit. Das *Tao Te Ching* wurde als Ratgeber für Herrscher geschrieben. Viele seiner Kapitel geben dem Herrscher Ratschläge, wie er sich verhalten soll. Ein wunderbarer Ausspruch ist: „Regiere einen großen Staat, wie du einen kleinen Fisch brätst. Tu es behutsam." Und ein anderer: „Wenn ich sehe, wie ein Mann das Reich in die Hand nimmt, weiß ich, dass es kein Ende geben wird." Lao-tzu warnt den Herrscher: Wenn er etwas verändert, das so aussieht, als ob man es richtig stellen müsste, werden zwei andere Dinge in Unordnung geraten; sie haben ihre Maßstäbe verloren, und er muss sich beeilen, sie zu korrigieren. Aber das bedeutet, dass er auch ein anderes ändern muss und noch eines und noch eines.

Unsere heutige Welt ist kompliziert, weil wir den Standpunkt des „allmächtigen Gottes" einnehmen und meinen, jedes Detail kontrollieren zu müssen. Doch als Organismus kamen wir ohne unsere bewusste Beteiligung ins Leben, nur mit einer sehr kleinen Beteiligung von Seiten unserer Eltern. Wir entstanden, ohne angeleitet zu werden; wir wuchsen im Mutterleib. Das Essen, das unsere Mutter aß, wurde irgendwie in Nahrung für den Fötus umgewandelt – in einem Prozess, der ihr weitgehend unbekannt war. Diese wunderbare komplexe Struktur entstand ohne unser Wissen und Zutun.

Die ganze Philosophie des Taoismus, seine Weisheit über die Natur des Menschen, basiert auf dem genauen Hinsehen, auf der Beobachtung. Doch diese Beobachtung ist nicht das, woran die meisten Leute denken, wenn ihnen gesagt wird: „Pass auf, sei wachsam." Was passiert in der Schule, wenn die Lehrerin ihren Schülern sagt, sie sollten aufpassen? Man mache sich klar: Gute Lehrer befehlen ihren Schülern niemals aufzupassen, weil sie die Dinge sowieso faszinierend darstellen. Doch normalerweise pocht die Lehrerin, wenn sie die Aufmerksamkeit eines Kindes abschweifen sieht, auf den Tisch und sagt „Pass auf!" Sie hat ein Gefühl der Unsicherheit und meint, dass die Gedanken der Schüler, wenn nicht alle Augen in ihre Richtung sehen, anderswo sind. Wenn sie sieht, dass die Kinder in ihren Heften herumkritzeln und aus dem Fenster sehen oder in der Nase bohren oder Däumchen drehen, denkt sie, dass die Gedanken der Kinder nicht bei ihr sind. Die Kinder wissen natürlich, was sie sehen will. Sie will sehen, wie sie die Stirn runzeln und auf die Tafel starren, ihre Beine eng um die Stuhlbeine schlingen, um sich festzuhalten und sicher zu sein, dass sie aufmerksam und konzentriert sind. So lernen wir, dass der Mechanismus der Aufmerksamkeit, des Bewusstseins eine muskuläre Angelegenheit ist, die sich zwanghaft auf das Objekt unserer Konzentration richtet.

Konzentration

Ebenso lernen westliche Menschen, wenn sie anfangen, östliche Philosophie zu studieren oder Yoga zu praktizieren, dass die essentielle Vorbedingung Konzentration ist. Sie muten sich selbst Kopfschmerzen und alle möglichen Schmerzen zu, indem sie auf Punkte oder etwas Ähnliches starren. Wenn sie feststellen, dass ihre Aufmerksamkeit abschweift, sagen sie: „Unartige! Komm zurück zum Wesentlichen!" Und all das ist so, als wolle man Wellen mit dem Bügeleisen glätten. Diese herrische Geisteshaltung – die Einstellung, die sagt „Schweif nicht ab" – ist nicht das, was mit *huan* gemeint ist, dem chinesischen Ausdruck für Kontemplation oder Beobachtung. Auf gewisse Weise ist Bewusstsein das natürliche Eigentum des Nervensystems, der Sinne, des Geistes (was auch immer man darunter versteht). Es tut das alles von selbst – spontan, *tzu-jan* – gerade so, wie der Magen das Essen ganz von alleine verdaut, wie die Augen ganz von alleine Licht aufnehmen, wie die Zunge ganz von alleine schmeckt, wie das Ohr ganz von alleine Töne hört.

Wenn man ein Ding bewusst wahrnehmen will, muss man nur darauf schauen. Dazu ist keine Muskelanspannung, kein Zähne-Zusammenbeißen nötig – nur die einfache Annahme, dass etwas, das einem vor den Geist oder das geistige Auge gestellt worden ist, so lange dort bleiben wird, bis es fortbewegt wird. Und es *wird* dort bleiben, wenn man nicht versucht, es zu zwingen. Diese grundlegende Einstellung ist die Quelle taoistischer Weisheit über die Natur des Individuums. Wenn wir diese Vorgänge beobachten, fangen wir an zu lernen, dass unser Organismus nicht nur intelligent genug war, sich selbst zu konstruieren, sondern in der Regel auch klug genug ist, alles Nötige zu tun, um zu funktionieren und sich an die Umgebung anzupassen. Das heißt, wenn wir uns schneiden, wissen wir sehr gut, dass sofort verschiedene Heilungsprozesse in Gang gesetzt werden, um die Entzündung zu stoppen. Wenn wir eine Entzündung haben, steigt unsere Temperatur, um die Erreger zu vernichten. In den Zeiten, als die Medizin das Fieber als Krankheit ansah und versuchte, den Körper vom Fieber zu befreien, führte die Behandlung oft zum Tod des Patienten. Später lernte die Medizin, dem Fieber zu vertrauen und mit ihm zu kooperieren.

Diese Einstellung bedeutet natürlich nicht, dass wir alles dem inneren Organismus überlassen. Wir können auch helfen, indem wir bestimmte Dinge außerhalb tun, vorausgesetzt wir kooperieren mit dem, was innen bereits im Gang ist. Und so, wie unsere Temperatur steigt, um die Erreger zu töten, passiert es auch mit dem Spiel unserer Gefühle; auch sie unterliegen einer Art homöostatischem Selbstregulierungsprozess.

Gefühle

Oft sind wir tyrannisch in Bezug auf das, was wir fühlen. Uns wurde beigebracht, dass es „gute" und „schlechte" Gefühle gibt. Wenn wir deprimiert sind, ist das ein schlechtes Gefühl; wir sollten daran etwas ändern. Auch Wut ist ein schlechtes Gefühl, das wir beheben sollten, denn wenn wir uns erlauben, wütend zu sein, haben wir Angst, jemandem auf die Nase zu hauen. Das ist so, weil wir wirklich nichts über unsere Gefühle wissen. Wir haben sie nie mit dieser Einstellung des *huan*, mit bewusster Kontemplation, betrachtet.

Nehmen wir das vorige Beispiel: „Ich bin wütend." Wenn ich „böse, böse Wut" sage und auf dieser Wut sitzen bleibe, wird sie vielleicht weggehen – aber wie wir wissen, wird sie vielleicht woanders unbewusst auftauchen, was uns für unsere Freunde ungenießbar macht, ohne dass wir selbst uns dessen bewusst sind. Es ist verzwickt. Ein anderer schneller Weg, die Wut loszuwerden (weil wir nicht damit umgehen können), ist, jemandem eine runterzuhauen. Das lässt die Wut verschwinden. Aber man kann das Gefühl auch beobachten und sehen, was es wirklich ist. Man hat dieses Gefühl, dass einem der Kragen platzt, und zieht voreilig den Schluss, dass es Wut ist. Wie weiß man, dass es Wut ist? Warum beobachtet man es nicht, um zu sehen, was es wirklich ist, statt es zu klassifizieren? Beobachten wir diese hässliche Empfindung in uns, und schauen wir, was sie tun will. Man kann nie wissen – wenn man sie beobachtet, kocht sie vielleicht und kocht und kocht und hört dann auf zu kochen. Und das ist alles. Und Sie werden sich besser fühlen, denn Ihre Gefühle sind ein großartiger Anpassungsprozess – ein Strom von Empfindungen von hoher psychologischer Differenziertheit.

Nun möchte ich insbesondere über die taoistische Einstellung zu zwei fundamentalen Prozessen des Organismus sprechen – Atem und Sexualität –, die zentral sind für das, was wir den taoistischen Yogastil nennen können. Alle Yogaschulen befassen sich mit der Atmung, aber es gibt viele verschiedene Herangehensweisen. Wir sollten auch klarstellen, wie Meditation vom Standpunkt des Taoismus und auch des *Soto*-Zen betrachtet wird. *Zazen*, Sitzmeditation im Zen, ist nichts anderes als die angemessene Art zu sitzen. Es als Übung zu deuten, widerspricht völlig dem Geist des Zen, denn Übungen sind manipulative Prozesse, durch die man sich auf etwas vorbereitet. Im *zazen* gibt es nichts Bestimmtes, auf das man sich vorbereitet. Alles ist jetzt. Eine Vorbereitung ist nicht nötig.

Der Buddhismus spricht beispielsweise von den vier fundamentalen Einstellungen des Menschen, die als die „Vier Haltungen" bezeichnet werden: Gehen, Stehen, Sitzen und Liegen. Zen richtig zu praktizieren bedeutet, alle vier *à la Zen* auszuführen. Sitzen ist das, was man tut, wenn man nichts anderes zu tun hat. Wenn man sich ganz natürlich im Sitzen ausruht, nachdem man tätig war, warum muss man dann etwas anderes tun? Muss man die eigenen Gedanken verbessern? Kann man sich nicht einfach hinsetzen? Müssen wir sogar beim Sitzen beschäftigt sein? Müssen wir diesen Zeitverlust rechtfertigen, indem wir ihn als spirituelle Übung betrachten? Nein. Hier ist die Einstellung, dass es keine spirituelle Übung ist; es gibt kein Ziel außer dem Sitzen um des Sitzens willen. Soweit es um diesen philosophischen Standpunkt geht, verfehlen alle Pflichtübungen von *zazen* oder Yoga oder was auch immer – mit dem Gedanken, dass man irgendein Tier namens *satori* („Erleuchtung") einfangen will – den eigentlichen Kern. Es gibt keinen Zweck, kein Ziel, das durch das Sitzen erreicht wird, außer dem Sitzen selbst. Wenn man sich hinsetzt, übt man nicht, wie ein Baumstamm zu sein, man bemüht sich nicht angestrengt, alle Eindrücke aus dem Geist zu verscheuchen, denn das ist wiederum so, als wolle man Wogen mit dem Bügeleisen glätten. Man lässt einfach geschehen, was auch immer geschieht. Der Straßenlärm von Autos, bellenden Hunden, ächzenden Menschen und schlurfenden Schritten, alle diese Dinge gehen durch den Geist hindurch wie Töne im leeren Raum, wie Vögel, die durch den Himmel fliegen, ohne Spuren zu hinterlassen.

Man wird sich bewusst, was der Körper tut. Die offensichtlichste Tatsache des Körpers ist der Rhythmus des Atems, und dabei werden Sie merkwürdige Dinge feststellen. Sie werden feststellen, dass die Art, wie Sie atmen, eine ganze Menge über ihre grundlegende Einstellung verrät. Der „klammernde" Persönlichkeitstyp – zu dem die meisten von uns gehören – atmet in einer klammernden Art: aufnehmend, als ob man unwillig wäre, die wertvolle Luft loszulassen, da sie der Atem des Lebens ist. Im taoistischen Yoga sagt man nicht: „Mein Atem ist klammernd, also muss er entspannt werden." Das würde eine Übung daraus machen. Man beobachtet einfach, was der Atem tut, ohne einzugreifen. Da dem Atem erlaubt wird, er selbst zu sein, wird er schließlich ruhiger. Er passt sich automatisch an. Er wird leichter, und zum Schluss wird er so ruhig, dass es scheint, als ob es gar keinen Atem mehr gäbe.

Atmen

Einige taoistische (und auch indische) Yogaschulen sagen, dass das Ziel der Atemübungen das Anhalten des Atems ist. Anders gesagt ist die Übung eine Art Marathon, um zu sehen, wie lange man den Atem anhalten kann, bis man schließlich den Rekord bricht. Doch das ist nicht der Punkt. Den Atem anzuhalten, widerspricht dem ersten Prinzip des Taoismus, dem *wu-wei* – „loslassen". Also ist die Ruhe, das Nicht-Atmen einfach eine Metapher. Es ist so, als gäbe es keinen Atem. Es gibt kein Pfeifen oder Stöhnen oder Anstrengen. Auf natürliche Weise gewöhnt man sich an einen gleichmäßigen Fluss. Weil unser Organismus zugleich Geist und Körper ist, weil es keine strenge Unterscheidung zwischen dem Physischen und dem Psychischen gibt, geht der Geist so, wie der Atem geht. Allein gelassen kommt er zur Ruhe.

Zur Ruhe kommen

Diese Ruhe muss genau verstanden werden. Ein ruhiger Geist im Sinne von Lao-tzu ist wie der tiefe Weiher, der alles, was vorbeikommt, ohne Trübung reflektiert. Im Sinne des speziellen Zen-Ausdrucks *wu-shin* – „Nicht-Geist" – ist der Geist ruhig, wenn er für sich selbst so ist, als gäbe es ihn nicht. Es ist genauso mit den Augen, die dann richtig funktionieren, wenn sie sich nicht als Punkte und Flecken vor dem Auge sehen. Es ist keine negative Ruhe, keine ausschließende Ruhe, die alle normalen Dinge zurückweist, über die wir im alltäglichen Leben nachdenken. Diese Dinge können kommen und gehen, und der ruhige

Geist ist vollauf zufrieden. Wie die Sonne, der Mond und die Sterne in der enormen Stille des Raums kreisen, ohne Tumult zu verursachen, so wird der Geist, wenn er Nicht-Geist ist – wenn er ruhig ist –, wie Raum, der alles in sich einschließt. Dieser psychische Prozess entwickelt sich Hand in Hand mit dem so genannten physischen Prozess des Atmens.

Wenn wir uns auf das erste Prinzip – *wu-wei* – beziehen, sehen wir, dass der wahre Weg des Atmens der Weg ohne speziellen Weg ist. Wenden wir uns einem anderen Aspekt des taoistischen Yoga zu, der schwieriger zu verstehen ist – der Funktion der Sexualität als Mittel der Erkenntnis. Der gewöhnliche Weg, wie diese sexuelle Praxis im Yoga beschrieben wird, weist denselben Fehler auf wie die gewöhnliche Beschreibung der Atempraxis. Genau wie man sagt, dass das Ziel der Atemübungen darin besteht, den Atem für eine unerträglich lange Zeit anzuhalten, bis er aufhört, sagt man, dass sexuelles Yoga dazu dient, den sexuellen Akt unendlich zu verlängern, so dass es niemals einen Orgasmus gibt. Die hervorgerufene psychische Kraft bewegt sich dadurch die Wirbelsäule hoch ins *sahasraha-chakra* (im Gehirn), wo sie in spirituelle Kraft verwandelt wird. Doch wenn wir zum ersten Prinzip zurückkehren, können wir sehen, dass hinter dem Missverständnis ein tieferer Sinn liegt; aber um ihn zu verstehen, müssen wir einige unserer gewöhnlichen Ansichten über die Natur der Sexualfunktionen verändern.

Die meisten Menschen scheinen vorauszusetzen, dass eine sexuelle Beziehung in erster Linie eine Aktivität ist. Wir sprechen vom sexuellen „Akt". Offenbar ist uns der Gedanke nicht gekommen, dass dieser statt als Aktion als eine Form der Kommunikation angesehen werden kann. Wir betrachten Sex als Aktion, weil wir uns Sorgen darum machen. Schließlich wurde Sex so viele Jahrhunderte lang als ein notwendiges oder manchmal auch als angenehmes Übel angesehen, das wir auf uns nehmen müssen, wenn wir es nicht verpassen wollen. Es ist eines dieser Dinge, das wir um jeden Preis bekommen und genießen müssen. (Das ist natürlich eine vorherrschend männliche Einstellung.)

Eine Beziehung zwischen Sexualpartnern, die durch diese „Geh-und-hol's-dir"-Mentalität bestimmt wird, wird immer in der Erreichung ihres Ziels scheitern. Es ist dasselbe, wie wenn man sein Essen in großer Eile isst – man schmeckt es nicht. Wir sind keine Hunde oder Katzen, die ihr Futter einfach herunterschlingen – wir Menschen haben nicht dasselbe Verdauungssystem. Wir haben einen längeren Verdauungsweg. Wir wissen sehr gut, dass wir das Essen nicht genießen, wenn wir es nicht langsam essen. Außerdem bekommen wir, wenn wir das Steak in den Mund nehmen, die Zunge verdrehen und die Kiefer zusammenbeißen, um sicherzustellen, dass wir das letzte kleine Jota an Geschmack herauspressen, mit Sicherheit steife Muskeln und eine taube Zunge. Mit anderen Worten: Man „bekommt" es nicht, indem man versucht, es festzuhalten. Genauso ist es in der fundamentalsten biologischen Beziehung zwischen Männern und Frauen: Dieses ängstliche Verlangen, etwas zu beweisen, irgendwelche speziellen Resultate zu erzielen, führt zu Blockaden und verhindert eine volle Realisierung des Prozesses. Wenn wir den Hinweisen folgen, zeigen diese verschiedenen sexuellen Yogapraktiken eine Beziehung zwischen Mann und Frau – und ich sollte sagen, normalerweise zwischen Ehepartnern, denn tantrisches oder taoistisches Yoga ist kein promiskuitives Freudenfest unter religiösem Deckmantel.

Die Heiligkeit der Ehe

Die christliche Tradition hat eine Ahnung von der Heiligkeit der Ehe. Sie machte den heiligen Stand der Ehe zum Sakrament. Die Kirche ging so weit, das Ritual des Ringtauschs und des Eintritts in die Ehegemeinschaft als heilig anzusehen, aber nie verstand sie den biologischen Vollzug als Akt der Kontemplation. Der sexuelle (*tantrische*) Stil des taoistischen oder indischen Yoga war für Ehemann und Ehefrau (bzw. die spirituelle Ehefrau) erdacht. Zuerst kommen Mann und Frau ohne die Absicht zusammen, irgendetwas zu forcieren. Sie sitzen nur und schauen einander an; sie beobachten ohne irgendein Gefühl der Eile. Wenn dann der sexuelle Prozess im engeren Sinne beginnt, entwickelt sich die Beziehung im gleichen Geist der Kontemplation, ohne den Versuch, etwas zu erzwingen.

Das ist die Bedeutung der tibetisch-tantrischen Statuen, bei denen ein männlicher und weiblicher Buddha in der Lotusposition Verkehr haben. In dieser Position bewegt man sich nicht. Man bleibt ruhig. Statt entweder zu kontrollieren oder dominiert zu werden, fühlt man sich in ein Leben getragen, das nicht das eigene ist, sondern vielmehr zwischen zwei Partnern entsteht. Man erlebt tatsächlich dieses Prinzip des *wu-wei*, Handeln im Einklang mit dem *tao*, und es gibt eine psychische Vereinigung mit dem Partner, die so lebendig ist, wie nur irgendwas sein kann. Das heißt nicht unbedingt, dass die Vollendung des sexuellen Prozesses gestoppt wird. Das heißt, dass er sich in seiner eigenen Zeit entwickeln kann, und diese ist nicht unsrige. Der Verzicht, der diesem Yoga innewohnt, ist der Verzicht auf die Beherrschung des Aktes. Das bedeutet natürlich, dass es die Qualität einer sehr viel größeren Erfüllung hat – der Art von Erfüllung, die wir „ungedacht" erleben.

In gewisser Weise entspricht dieser Prozess den Lehren von der Suche nach Gott, nach mystischer Erfahrung, nach *satori*. Wer aktiv danach sucht, wird es nicht finden: Er stößt es weg. Daher ist die Einstellung des Nicht-Suchens fundamental. Doch denken Sie an das scheinbar verzwickte Paradox: Wenn man versucht, vom Suchen abzulassen, sucht man immer noch. Es läuft immer wieder auf dieses Paradox hinaus. Wenn man mit irgendwelchen Aktivitäten beschäftigt ist – Gehen, Stehen, Sitzen, Liegen,

Atmen, Essen, Lieben – und eine vorgefasste Meinung hat, was passieren sollte, dann ist man nicht offen dafür; man ist nicht offen für Überraschungen. Ein weiser, alter Bekannter von mir sagte einmal, *gnosis* (Weisheit oder spirituelle Wahrheit) bedeute, dass man von allem überrascht ist. Wenn wir wissen, was wir bekommen, werden wir selten überrascht.

Die Suche nach *satori*

Vielleicht haben wir in der Vergangenheit wunderbare spirituelle Erfahrungen gemacht – fast jeder hat das Glück, einmal im Leben *satori* zu erleben. Vielleicht passierte es Ihnen, als Sie Heranwachsende waren oder vielleicht als Sie operiert wurden und das richtige Gas erhielten. Oder vielleicht haben Sie LSD genommen. Danach werden Sie immer wieder nach dieser Erfahrung suchen: „*So* möchte ich es haben." Einst hatten sie eine wunderbare Freundin, und nun möchten Sie eine, die genauso ist. Das blockiert die Möglichkeiten, dem Leben zu begegnen. Daher bedeutet Meditation für Zen-Anhänger und Taoisten die Bestätigung, dass der *alltägliche* Geist der richtige ist – nicht der Geist, den man haben sollte, oder der Geist, den man vielleicht hätte, wenn man sich besser konzentrieren und die Dinge, so wie sie sind, annehmen könnte. Wir sollten darauf schauen, wie er jetzt gerade ist – das ist Buddha. Einfach so.

Natürlich sagen alle, dass das Unsinn ist: „So wie ich bin, bin ich unwürdig, gewöhnlich, ungenügend entwickelt, nicht spirituell, dekadent." In einem *Zenrin*-Gedicht steht der Satz: „Um Mitternacht scheint die Sonne hell." In Ordnung, jetzt ist es Mitternacht. Hier haben wir das hässliche, dunkle Ding, das wir zu sein glauben. Doch das Gedicht sagt auch: „Das ist Buddha."

Einmal fragte ein Mönch einen Zen-Meister: „Was ist Zen?"

Er antwortete: „Jetzt habe ich keine Lust zu antworten. Warte, bis niemand sonst in der Nähe ist, und ich werde es Dir sagen."

Einige Zeit später kam der Mönch wieder zum Meister und sagte: „Jetzt ist niemand in der Nähe, Meister. Bitte erzähl mir über Zen."

Der Meister nahm ihn mit in den Garten und sagte: „Was für ein langer Bambus das ist! Was für ein kurzer Bambus das ist!"

Also kann man ein langer Bambus sein oder ein kurzer Bambus. Man kann eine Giraffe mit einem langen Hals oder eine Giraffe mit einem kurzen Hals sein. Was man jetzt ist – darum geht es. Es gibt kein Ziel, denn alle Ziele liegen in der Zukunft. Es geht nur um die Frage, was ist. Schau und sieh; sieh, wie es von alleine an deine Augen gelangt.

3. Einführung in die Zen-Praxis

Die Faszination des Zen

Seit Daisetz Suzuki 1927 seine ersten Essays über Zen-Buddhismus veröffentlichte, hat das Zen auf Menschen im Westen eine eigenartige Faszination ausgeübt. Bei vielen intelligenten Menschen in Europa und Nordamerika machte sich zu dieser Zeit – oder auch schon vorher – eine Unzufriedenheit mit den bekannten Religionsformen breit. Diese grundlegende Unzufriedenheit hatte zu Ende des 19. Jahrhunderts angefangen. Gleichzeitig begannen wir durch die Werke einiger großer Gelehrten, die buddhistische und hinduistische Texte in westliche Sprachen übersetzten, mehr über östliche Philosophie und Religion zu erfahren. 1848 hatten die Jesuiten das *Tao Te Ching* ins Französische übertragen, und bald waren auch englische Übersetzungen zu haben.

Was dann geschah, war recht merkwürdig: Aus der asiatischen Tradition erhielten wir sehr viel ausgefeiltere Lehren als aus der christlichen oder jüdischen Tradition. Ein durchschnittlicher Mensch war in jener Zeit einem extrem unreflektierten Verständnis des Christentums ausgesetzt, und manche verglichen nun diese religiöse Erziehung mit den höchsten Ebenen des Hinduismus oder Buddhismus. Man konnte nicht in seine Pfarrkirche gehen, nicht einmal in der Nachbarschaft der Universität, und Meister Eckhart zum Verkauf auf dem Eingangstisch finden. Nicht einmal Thomas von Aquin hätte man gefunden; das Einzige, was man dort finden konnte, waren kleine fromme Traktate. Dieser Vergleich wurde der christlichen Tradition wohl kaum gerecht.

Dann gründete 1875 eine Russin namens H. P. Blavatsky die Theosophische Gesellschaft, deren Lehren und Literatur ein phantastischer Mischmasch war – bestehend aus westlichem Okkultismus, einer großen Menge von hinduistischem und buddhistischem Wissen und ein paar Brocken aus dem tibetischen und chinesischen Buddhismus. Die Theosophie war sehr romantisch und nahm an, dass die Anhänger des Buddhismus, Hinduismus, Taoismus und ähnlicher Lehren in hohem Maße Eingeweihte waren und ihre Meister eine seltene Gattung von Übermenschen, die sich in den endlosen Weiten des Himalaya oder sogar der Anden aufhielten. Die Eingeweihten waren unerreichbar, denn sie besaßen gefährlichste Geheimnisse und okkulte Macht. Hin und wieder pflegten die Meister jedoch einen Boten in die Welt hinauszuschicken, um der Menschheit die alte Lehre der Befreiung zu bringen.

Durch die Theosophie bekam der Westen daher einen allzu verklärten Eindruck von östlicher Weisheit. Ich erinnere mich, dass Daisetz Suzuki, als er das erste Mal nach England kam, von den Medien als Meister im theosophischen Sinne angesehen wurde. Und wenn er nicht selbst einer war, dann glaubten sie, dass er zumindest in Verbindung mit den Theosophen stand.

Das westliche Konzept von Zen-Meistern – und sogar die Tatsache, dass wir die Lehrer des Zen „Meister" nennen – trug diese theosophische Note in sich. So auch die Haltung, sie zu hofieren und zu verehren (was die Theosophische Gesellschaft in Indien aufgelesen hatte, wo die großen Gurus höchste Verehrung genossen und viele Menschen Hunderte von Meilen reisten, nur um sie zu sehen). Wir haben das Gefühl, dass diese Menschen enorme Kraft besitzen, und das ist es in erster Linie, was viele von Zen-Meistern erwarten. Doch das Interessante an Zen-Meistern ist, dass sie sehr menschlich sind. Sie würden sich niemals dazu herablassen, ein Wunder zu tun.

Das erste Mal hörte ich durch meine erste Frau von Zen-Meistern, denn ihre Familie war nach Japan gegangen, als sie etwa vierzehn Jahre alt war. Sie lebten in Kyoto, in der Nähe des großen Klosters Nanzen-ji, wo der zuständige Meister ein brillanter alter Lehrer namens Nanshinken war. Nun wird der Mann, der zum *roshi* (dem spirituellen Haupt des Nanzen-ji) ernannt ist, immer von allen als etwas ganz Besonderes angesehen. Nanshinken saß nun manchmal neben diesem kleinen Mädchen, blätterte in den Katalogen mit all den berühmten Sumoringern – alle enorm fette, gut aussehende Kerle – und suchte Ehemänner für sie aus. Dann trugen die zwei Wettbewerbe im Nasenbohren aus, wobei sie in ihren Nasen bohrten und den anderen mit Popeln beschossen. Man kann einen Zen-Meister wirklich nicht mit dem Papst vergleichen. Wenn es nötig ist, können sie sehr würdig erscheinen, aber grundsätzlich fehlt es ihnen immer ein wenig an Ernsthaftigkeit; dabei besitzen sie sehr viel Aufrichtigkeit. Sie sind ausgesprochen interessante Menschen, wie auch ihre Schüler – vor allem im Kontext der japanischen Kultur.

Die japanische Kultur

Japanische Kultur ist schrecklich verklemmt. Die Japaner sind ein leidenschaftliches Volk, aber sie können das nicht ausleben, da sie in einem übervölkerten Land leben. Platz ist das Wertvollste überhaupt in Japan, besonders Platz zum Leben: Achtzig Prozent des Landes sind unbewohnbare Wälder und Berge. Die Menschen sind daher auf zwanzig Prozent des Landes zusammengedrängt. Also versuchen sie diesem Gefühl des Eingeklemmtseins mit besonderer Höflichkeit, ordentlichem Betragen und einem starken Sinn für Konvention zu begegnen.

Aber das macht die gewöhnlichen Japaner und Japanerinnen nervös. Wenn ein Japaner kichert, ist das kein Zeichen von Belustigung, sondern von Verlegenheit. Und sie sind ausgesprochen besorgt, wenn sie jemandem etwas schuldig sind – sei es, dass man dem Kaiser, seinen Eltern oder Vorfahren etwas schuldet, oder sei es, dass man in der Schuld eines Freundes steht, der einen bewirtet hat. (Man nimmt immer Geschenke mit, wenn man Freunde besucht, aber damit bringt man die Gastgeber in Verlegenheit, denn sie müssen daran denken, Geschenke im gleichen Wert mitzubringen, wenn sie das nächste Mal zu Besuch kommen.) In Japan ist Zen tatsächlich eine Erlösung von der japanischen Kultur. Es befreit einen von den sozialen Zwängen – in einer Weise, die den Rest der Gesellschaft nicht in Verlegenheit bringt.

Allerdings scheinen auch Zen-Mönche auf den ersten Blick ziemlich steif zu sein. Wenn sie über die Straße gehen, sehen sie fast wie Soldaten aus. Sie schlurfen nicht wie andere Japaner, sie schreiten. Sie kichern nicht – sie haben das nicht nötig, denn ihre Disziplin hat sie von den sozialen Konventionen befreit. Dennoch sind sie taktvoll: Sie enttäuschen nicht die Erwartungen derer, die in ihnen Stützpfeiler der Gesellschaft sehen. Sie veranschaulichen eine sehr alte Tradition, die in jeder Gesellschaft zu finden ist: eine enge Gruppe von Menschen, die nicht an die Märchen glauben, die ihnen weisgemacht wurden; sie durchschauen die Spiele, welche die Menschen spielen, und verachten sie dennoch nicht dafür. Das hauptsächliche Spiel, das alle spielen, ist natürlich das Überlebensspiel. Wir leben immer mit dem Schreckgespenst von Krankheit, Tod oder dem Verlust von Besitz und Status. Nun, was soll's?! Nehmen Sie an, dass Sie sterben – jeder wird eines Tages sterben. Es ist schwerer zu akzeptieren, wenn man zwanzig ist, als wenn man sechzig ist. Jemand, der sich ganz und gar mit der Idee identifiziert, dieser bestimmte Ausdruck des Universums zu sein, hat noch nicht verstanden, dass er das ganze Universum ist: projiziert auf den Punkt, der in der Form eines menschlichen Organismus „hier und jetzt" genannt wird. Man kann dahin kommen, dies sehr klar zu verstehen, nicht nur als Idee, sondern als lebendige Empfindung – in der gleichen Weise, wie Sie wissen, dass Sie in diesem Zimmer sitzen.

$E = mc^2$

Wie auch in anderen Befreiungslehren – dem Taoismus, Hinduismus, Sufismus (der islamischen Mystik), sogar in der orthodoxen (christlichen) Kirche – ist es das Ziel von Zen, den Menschen zu einer lebendigen, ja sinnlichen Realisierung der eigenen Identität zu bringen. Jede Vibration ist eine Welle von dem, was ist, der Totalität dessen, was ist. Jede Vibration ist das berühmte *E*, das *mc²* entspricht, und *das* sind Sie. Das werden Sie immer sein, das sind Sie immer gewesen. Akzeptieren Sie das! Zeit ist mehr oder weniger eine menschliche Illusion: Es hat nie etwas anderes gegeben als jetzt, es wird niemals etwas anderes als jetzt geben, und jetzt ist Ewigkeit.

Zen ist insofern ein bisschen anders als andere Zweige des Hinduismus oder Buddhismus, als es die Erleuchtung Buddhas außerhalb der Schriften vermittelt. Zen hängt nicht von Worten oder Buchstaben ab, sondern spricht direkt dein Geist-Herz an. Daher wird im Zen die Buddhaschaft direkt erlangt.

Buddhaschaft ist der Zustand, zur wahren Natur der Dinge erwacht zu sein. Dennoch kann die wahre Natur der Dinge nicht erklärt werden. Es ist dasselbe, als würde ich fragen: Was ist die wahre Position der Sterne im Großen Wagen? Es hängt davon ab, wo *man selbst* ist – von einem Punkt im Universum aus wären sie völlig anders gestellt als von einem anderen. Also gibt es für die Sterne keine wahre Position. Man kann weder ihre wahre Position noch ihre wahre Natur beschreiben. Doch wenn man sie anschaut und nicht versucht, ihre wahre Stellung oder

Natur herauszukriegen, dann sieht man sie, wie sie sind. Aus jeder Perspektive sind sie gerade so, wie sie sind.

Daher gibt es keine Möglichkeit, mit dem Finger auf das zu deuten, was die Buddhisten Realität oder *shunyata* nennen. Es bedeutet „Leerheit" – in dem Sinne, dass alle Vorstellungen von der realen Welt, wenn sie verabsolutiert werden, leer sind. Es bedeutet nicht, dass die Welt im wörtlichen Sinne (nach unserer westlichen Auffassung) „nichts" ist, es bedeutet, dass sie „nicht etwas" ist. „Etwas" ist eine Denk-Einheit, ein „Gedachtes". Realität ist kein Gedachtes; wir können nicht sagen, was sie ist, aber wir können sie erleben. Das ist der Prozess, der dem Zen zugrunde liegt: Er erklärt nicht, er zeigt. Der „Zeige-Charakter" des Zen war das, was die Menschen an Suzukis Büchern und Vorträgen reizte, als er anfing, im Westen Zen zu lehren. Vorher war uns Zen wie eine Zusammenstellung abstruser Anekdoten vorgekommen. Seine Anhänger gebrauchten an Stelle von Erklärungen eine Art Witz- oder Rätselsystem.

E'no (Hui-neng), der im Jahre 713 n. Chr. starb, erklärte das Geheimnis des Rätselsystems in einem *sutra*. Er sagte: Wenn dich irgendwer nach weltlichen Dingen fragt, antworte in metaphysischen Begriffen. Aber wenn er nach metaphysischen Dingen fragt, dann antworte in weltlichen Begriffen.

Wenn ein Schüler also zu einem Zen-Meister sagt: „Was ist die fundamentale Lehre Buddhas?", antwortet der Meister sofort: „Hast du gefrühstückt?" „Ja." „Wenn das so ist, dann geh und wasch deine Essensschale."

Ein anderes Beispiel: Ein Schüler klagt: „Seit ich zu dir kam, Meister, hast du mir nie Unterricht erteilt." Der Meister antwortet: „Wie kannst du sagen, dass ich dir nie Unterricht erteilt habe? Wenn du mir Tee gebracht hast, habe ich ihn nicht getrunken? Wenn du mir Reis gebracht hast, habe ich ihn nicht gegessen? Wenn du mich gegrüßt hast, habe ich den Gruß nicht erwidert? Wie kannst du sagen, dass ich dich nicht unterrichtet hätte?" Der Schüler sagt: „Meister, ich verstehe nicht." „Wenn du verstehen willst", sagt der Meister, „schau es direkt an. Wenn du anfängst, darüber nachzudenken, ist es ganz und gar verfehlt."

In Zen-Klöstern gibt es ein komisches Ding – eine Kinnstütze. Wenn man lange Zeit mit Meditieren zubringt, ist es manchmal bequem, eine Stütze für das Kinn zu haben. Einmal fragte ein Schüler seinen Lehrer: „Warum kam Bodhidharma nach China?" (Der Überlieferung nach brachte dieser das Zen von Indien nach China.) Der Meister antwortete: „Gib mir diese Kinnstütze." Der Schüler reichte sie ihm, worauf der Lehrer sich schnell umdrehte und ihn damit schlug.

Oder eine andere Geschichte: Eine Gruppe von Mönchen wanderte durch einen Wald. Plötzlich hob der Meister einen Ast auf und reichte ihn einem seiner Schüler mit der Frage: „Sag mir, was ist das?" (Der Meister hatte den Ast immer noch in der Hand.) Er wiederholte: „Sag mir, was ist das?" Der Schüler zögerte, also schlug der Meister ihn mit dem Ast. Der Meister wandte sich an einen anderen Schüler und fragte: „Was ist das?" Der Schüler antwortete: „Gib ihn mir, so dass ich es dir sagen kann." Der Meister warf dem zweiten Schüler den Ast zu. Der fing ihn und schlug den Meister.

Einmal sprach ich nebenbei mit einem Zen-Meister über diese Geschichten. Er unterbrach mich und sagte: „Weißt du, ich habe mich oft gefragt: Wenn das Wasser durch den Ausfluss abfließt, dreht es sich mit dem Uhrzeigersinn oder gegen den Uhrzeiger?" „Tja", sagte ich, „das kommt drauf an." Er sagte: „Nein, so herum."

Dann fragte er mich: „Was war zuerst da, das Huhn oder das Ei?" Meine Antwort bestand darin, dass ich anfing zu glucksen. Der Meister sagte: „Ja, das ist richtig."

Zen-Rätsel

Alle diese Zen-Rätsel haben eine simplere Bedeutung, als Sie sich jemals vorstellen könnten. Sie sind so umwerfend einfach, dass man es nicht sieht. Alle halten nach etwas Kompliziertem Ausschau. Einmal kam ein chinesischer Zen-Buddhist zu mir zu Besuch, während ein kleines Mädchen (meine Tochter) bei mir war. Er fragte sie: „Weißt du, es war einmal ein Mann, der hatte ein kleines Gänseküken, das er in einer Flasche hielt. Es fing an, größer und größer zu werden, bis er es nicht mehr aus der Flasche herausbekommen konnte. Nun wollte er die Flasche nicht zerbrechen, und er wollte die Gans nicht verletzen, also was sollte er tun?" Sofort antwortete sie: „Einfach die Flasche zerbrechen." Er drehte sich lächelnd zu mir um und sagte: „Siehst du, sie kriegen es immer raus, wenn sie unter sieben sind."

Der Fachausdruck für diese Art von Zen ist *sanzen*, was bedeutet, Zen in der Form eines Gedankenaustauschs mit dem Lehrer zu studieren. Heutzutage ist *sanzen* in den Klöstern eine sehr formale Angelegenheit. Aber diese Geschichten stammen alle aus der Zeit der T'ang- und Sung-Dynastie in China, als das Verhältnis zwischen Schüler und Lehrer informeller war. Die andere Seite von Zen ist *zazen*, die Praxis der Meditation. Tatsächlich kann man *zazen* auf vier verschiedene Weisen praktizieren. Sie entsprechen dem, was die Buddhisten die „Vier Haltungen des Menschen" nennen: gehend, stehend, sitzend und liegend. Sitzen ist die gebräuchlichste Form, aber Sie sollten nicht denken, dass Sie zum Meditieren sitzen müssen. *Zazen* ist die Kunst, den Geist ruhig werden zu lassen. Das heißt nicht, dass der Geist leer wird. Das heißt nicht, dass man Sinneswahrnehmungen verdrängt. *Zazen* heißt bloß, dass man lernt, richtig zu atmen – das ist sehr wichtig –, und dass man aufhört, mit sich selbst zu reden: Das nicht-enden-wollende Geschwätz im Schädel hört auf. (Ich sollte hinzuzufügen, dass es mehrere unterschiedliche Schulen des Zen gibt, die verschiedene Methoden und Herangehensweisen haben. Mein Zugang zum Zen ist wieder ein wenig anders als der Zugang anderer, aber diese Art von Flexibilität in der Auslegung hat der Buddhismus immer gehabt.)

Einladungen zum Zen

Man kann einige Schwierigkeiten haben, von einem Lehrer akzeptiert zu werden, denn Buddhisten sind keine Missionare. Sie verschicken keine Einladungen, auf denen steht: „Besuchen Sie unsere fröhliche Kirche". Das würde ihnen nicht im Traum einfallen; es ist Sache der anderen, sie ausfindig zu machen. Daher ist es schwierig, in eine Zen-Schule zu gehen, denn es ist nicht wie in christlichen Klöstern, wo die Mönche ein lebenslanges Armuts-, Keuschheits- und Gehorsamsgelübde ablegen. Es ist mehr wie ein theologisches Seminar. Der Mönch oder Seminarist, wie er exakter genannt werden sollte, bleibt dort für einige Jahre, bis er das Gefühl hat, das gefunden zu haben, weshalb er gekommen ist. Der Lehrer oder Meister ist in der Regel unverheiratet, aber das hält ihn nicht davon ab, Freundinnen zu haben. Was Sex betrifft, ist man im Zen nicht so verschlossen wie in anderen Formen des Buddhismus. Die ganze Atmosphäre in einem Kloster ist faszinierend. Jeder ist lebendig – sie arbeiten alle, aber sie sind sehr offen.

Am frühen Morgen und zu bestimmten Zeiten am Tag kommen die Zen-Mönche alle zusammen, sitzen mit übereinander geschlagenen Beinen auf ihren Matten und meditieren. In einer Schule meditieren sie über ein *koan*, was soviel wie „Fall" bedeutet, im Sinne eines juristischen Präzedenzfalles. Ein Beispiel für ein *koan*: Als der große Meister Joshu (der in der T'ang-Dynastie lebte) gefragt wurde: „Hat ein Hund Buddha-Natur?", antwortete er „Mu", was

„nein" bedeutet. Jeder weiß, dass Hunde Buddha-Natur haben. Warum also sagte der große Meister „Mu"?

Hakuin, der Haiku-Dichter, erfand ein *koan*. In Anlehnung an das chinesische Sprichwort „Mit einer Hand kann man nicht klatschen" fragte er: „Wie ist das Geräusch, das man mit *einer* Hand beim Händeklatschen macht?" [„What is the sound of one hand clapping?"] Natürlich wird das im Japanischen anders ausgedrückt – es hört sich wie ein sehr kompliziertes Problem an. Der Schüler meditiert über das Problem und versucht zunächst, eine intellektuelle Antwort zu geben. Wenn er dem Lehrer diese Antwort zum *sanzen* mitbringt, lehnt der Lehrer sie einfach automatisch ab, wieder und wieder. Die Leute verzweifeln an ihrem *koan*. Sie denken sich die ausführlichsten und umständlichsten Antworten aus, weil sie nicht bemerken, wie einfach die Lösung ist; das ist es, was die Leute immer übersehen. Wenn man Hakuins *koan* auf Englisch beantworten wollte, ist die Antwort schon in der Fragestellung gegeben: Sie lautet: „*What* is the sound of one hand clapping." Aber es ist sehr schwierig, so einfach zu denken. Nur durch Meditation kann man diese Einfachheit erreichen, wenn man von allen Worten absieht und die Dinge direkt betrachtet.

Menschen, die im Zen versiert sind, sind sehr, sehr direkt. Ihr Leben ist ganz und gar vereinfacht, da sie wissen, dass es nur den jetzigen Moment gibt. Keine Vergangenheit. Keine Zukunft. Indem wir nicht direkt sind, schaffen wir uns einen Haufen Probleme mit anderen Menschen. Doch Zen befasst sich weniger mit zwischenmenschlichen Beziehungen als mit dem Verhältnis des Menschen zur Natur: In Hinsicht auf Leben und Tod – wo bist du? Es gibt eine Inschrift, die in manchen Zen-Klöstern hängt: „Geburt und Tod ist ein ernstes Ereignis. Die Zeit wartet auf niemanden." Zen fängt damit an, unser Verhältnis zur Existenz zu klären. Und daher liegt es auf einer grundlegenderen Stufe als eine Begegnungsgruppe, in der es um persönliche Beziehungen geht. Ich glaube nicht, dass man harmonische persönliche Beziehungen entwickeln kann, bevor man eins ist mit sich selbst, eins mit dem Himmel, mit den Bäumen, den Steinen, dem Wasser und dem Feuer. Dann bist du fundamental – du bist wirklich lebendig. Aus dieser Position kann man viel besser mit anderen in Beziehung treten, denn man kommt nicht daher mit dieser Einstellung des „armen, kleinen Dings, das nirgends wirklich hingehört". Die meisten von uns haben die Tendenz, sich in Bezug auf ihre eigene Existenz ständig zu entschuldigen, als ob wir nur auf Probe hier wären. Einige Menschen überkompensieren diesen minderwertigen Status im Universum allerdings mit Angeberei und Aggression gegenüber anderen.

Dogen

Als Dogen – der etwa um 1200 n. Chr. Zen studierte und ein großes Kloster gründete – aus China zurückkehrte, fragten ihn seine Landsleute: „Was hast du in China gelernt?"

Er sagte: „Ich habe gelernt, dass ihre Augen horizontal stehen und ihre Nasen senkrecht." Nun suchen Sie in all diesen Dingen nicht nach einer tieferen symbolischen Bedeutung. Sie sind nicht symbolisch gemeint, sondern absolut direkt. Wenn jemand sagt, das fundamentale Prinzip des Buddhismus ist „eine Zypresse im Garten", dann ist das nicht als irgendeine Art pantheistischer Lehre zu verstehen, in der die Zypresse eine Manifestation einer Gottheit ist.

Der Punkt ist, dass die Zen-Praxis die Worte ganz direkt benutzt, um auf eine Ebene hinter den Worten zu gelangen. Wir alle hypnotisieren andere mit Worten. Kinder haben zum Beispiel keine Antikörper gegen Worte, und so drehen sie vollkommen durch, wenn jemand sie als Waschlappen bezeichnet. Das Hänseln mit bestimmten

Namen kann sie zur Verzweiflung treiben. Wir geben den Worten diese Macht über uns. Sehen Sie, sie sind wie Zauberformeln. Alle Zauberer umgarnen die Leute mit Sprüchen und Beschwörungen, sie benutzen Worte, um sie zu täuschen und zu betören.

Seit unserer Kindheit wird uns erzählt, wer wir sind, was unsere Identität ist, was unsere Erwartungen sein sollten, was wir aus dem Leben herausholen sollten und welcher Klasse wir angehören – und wir glauben die ganze Geschichte. Wir fangen an, diese Zauberformeln für wahr zu nehmen, wie wir das harte Holz dieses Tisches wahr-nehmen. Wir denken, dass es die Wahrheit ist, während es tatsächlich ein Haufen Quatsch ist. Es ist ein amüsantes Spiel, wenn man weiß, dass das alles ist; dann kann man es mit Eleganz spielen. Je klarer man weiß, dass dieses Spiel eine Illusion ist, desto besser kann man es spielen.

Keine Absicht

Dies führt uns zu der Erkenntnis, dass die Zen-Praxis nicht mit anderen Übungsformen zu vergleichen ist: Sie wird nicht mit einer bestimmten Absicht getan. Sie mögen fragen: „Wie kann ich überhaupt etwas *tun*, was ohne eine Absicht getan wird?", denn Sie haben eine feste Idee (die Teil der Hypnose ist), dass alles, was sie tun, eine bestimmte Absicht haben sollte. Ich sah einmal Soke Anza Saki, einen großen Zen-Meister, in seinen prächtigen goldenen Gewändern dasitzen, mit brennenden Räucherstäbchen und den aufgeschlagenen Schriften vor ihm. Einen Abschnitt der Sutren kommentierend, sagte er: „Fundamentales Prinzip des Buddhismus ist Absichtslosigkeit. Am wichtigsten ist, einen Zustand ohne Absicht zu erreichen. Wenn du einen Furz lässt, sagst du nicht: Um neun Uhr lasse ich einen Furz. Es passiert einfach." Im Chinesischen ist das Wort für die Natur *tzu-jan* (auf japanisch *shi-*

zen), was heißt: "das, was durch sich selbst so ist"; wir würden es "Spontaneität" nennen. Ein Baum hat keinen Vorsatz zu wachsen. Wasser hat keinen Vorsatz zu fließen. Wolken haben keinen Vorsatz zu schweben.

Wenn die Wildgänse über den See fliegen,
Hat das Wasser nicht vor, sie zu spiegeln,
Und die Gänse haben nicht im Sinn,
Ein Spiegelbild zu werfen.

Tja, das beunruhigt uns. Zunächst einmal denken wir, dass Spontaneität nur eine launenhafte Handlung ist. Doch es ist nichts Launisches an der Weise, wie ein Baum wächst. Es ist ein höchst intelligenter Entwurf. Wie ein Vogel es ist. Wie Sie selbst es sind. Viele Leute, die Zen nicht verstehen, denken, dass Spontaneität bedeutet, einfach irgendwas zu tun – und je mehr es nach irgendwas aussieht, desto spontaner ist es. Sie haben ein voreingenommenes Bild von Spontaneität: dass ein Mensch, der sich spontan verhält, höchstwahrscheinlich unordentlich, vulgär, unhöflich und ruppig ist.

Spontaneität ist die Art, wie Ihr Haar wächst. Es ist nicht die Art, wie Sie denken, dass Ihr Haar wachsen sollte – es ist die Art, wie es geschieht. Es ist wirklich eine hochrangige Intelligenz. In der Befolgung von Zen versuchen wir einen Platz einzunehmen, wo wir diese Intelligenz im täglichen Leben nutzen können. Dennoch sehen Sie, dass Sie es nicht mit Absicht erreichen können. Absicht beziehungsweise Motivation macht es immer kaputt. Sie fragen vielleicht: "Wie werde ich diese Absicht los?" Mit Absicht? Diese Frage zu stellen zeigt, wie sehr Sie in den Denkprozess eingebunden ist. Dennoch können Sie diesen Prozess nicht zwingen anzuhalten. Sie müssen es als Unsinn ansehen, als nicht-enden-wollendes Geplapper in Ihrem Kopf.

Plappernde Gedanken

So lernen Sie, ihren Gedanken zuzuhören, das Denken denken zu lassen, was es denken will, und es dennoch nicht ernst zu nehmen. Sogar die Idee, dass Sie das tun, ist auch ein Geplapper im Kopf. Irgendwann ... aber ohne sich um das „Irgendwann" zu kümmern, denn in diesem Zustand gibt es keine Zukunft. Absicht ist immer in Vorstellungen über die Zukunft eingepackt. Was westliche Menschen an der Absichtslosigkeit stört, ist der Hinweis darauf, dass das Leben keinen Sinn, keine Absicht und kein Ziel hat. „Tja", frage ich dann, „was ist daran so schlimm? Welche Art von Sinn hätten Sie denn gerne für das Leben?"

Wenn die Leute versuchen, den Sinn des Lebens zu definieren, sagen sie: „Ich denke, dass wir alle Teil eines Planes sind und dass wir alle an der großen Erfüllung arbeiten, die eines Tages kommen wird – vielleicht nach unserem Tod, vielleicht in einem zukünftigen Leben. Und dann wird es eine große Gaudi geben. Es wird eine köstliche, prachtvolle Belohnung zum Ende der ganzen Angelegenheit geben. Das ist es, wofür wir alle da sind, um Teil davon zu sein; und es wird alles sehr, sehr wichtig sein, es wird bestimmt nichts Triviales sein, sondern etwas extrem Heiliges."

„Tja", frage ich dann, „was stellen Sie sich unter ‚sehr heilig' vor? Niemand kennt wirklich die Antwort darauf. Sie denken an die Kirche und die Art, wie die Künstler des Mittelalters den Himmel darzustellen pflegten – jedermann in Chorstühlen sitzend. Ich muss sagen, dass die Hölle sehr viel spaßiger aussieht. Dort gibt es zumindest irgendeine Art von sadomasochistischer Orgie, aber der Himmel muss unerträglich langweilig sein. Dieses heilige Ereignis am Ende der Zeiten läuft auf eine sehr, sehr deprimierende Zukunft hinaus, das kann ich Ihnen versichern."

Der Punkt ist: Wenn man diese Ideen bis zum Ende durchdenkt, wenn man nachfragt, was diese Belohnung sein könnte, was das Vorwärtskommen wirklich ist, bemerkt man, dass man es einfach nicht weiß. Und genau an diesem Punkt fragt man den Meditierenden: „Aber bist du nicht schon da?"

# 4. Sosein

Der Titel dieses Kapitels ist ein sehr seltsames Wort, das mit „Sosein" oder „Soheit" zu übersetzen ist: das Sanskritwort *tathata*. *Tathata* baut auf der Sanskritwurzel *tat* auf, was etymologisch auch der Ursprung des englischen Wortes „that" ist. In Indien gehen die Eltern davon aus, dass dies das erste Wort ist, das ein Baby sagt. Wir alle wissen, dass Babys „da-da-da" sagen. In unserer ausgesprochen patriarchalischen Kultur gehen wir davon aus, dass das Baby seinen Vater meint, also heißt „da-da" Vater. Aber in Indien, wo alle alten Kulturen matriarchalisch waren, hieß es nicht „Mutter". Es hieß „da", das Grundwort für alle Wörter: das Baby, das auf etwas zeigt und „das da" [„that"] sagt. Wenn das Baby aufwacht, ist es eine kleine Öffnung, durch die das All hindurchschaut und „da" ausruft. *Tathata* heißt also „da-da-da". Ganz ähnlich benutzten die Gründer des Dadaismus diesen Namen, denn sie wollten etwas jenseits von Worten und Namen ausdrücken. *Tathata* ist also ein grundlegendes Wort, und es ist schwer zu übersetzen, da es auf gewisse Weise ein Wort ohne Bedeutung ist.

Um vernünftig über dieses Thema sprechen zu können, muss ich Ihnen eine Einführung in den Buddhismus geben, denn das alles ist ein Teil der buddhistischen Philosophie, und der ursprüngliche Kontext des Buddhismus ist die indische Philosophie. Das Erste, was man vom Buddhismus verstehen muss, ist die Tatsache, dass er keine Doktrin hat – in einem Sinn, wie das Christentum eine Doktrin hat. Es könnte nicht so etwas wie ein buddhistisches Glaubensbekenntnis geben. Der Buddhismus wird traditionell *buddha-dharma* genannt. *Dharma* ist ein Sanskritwort, das eigentlich „Methode" bedeutet, obwohl es gewöhnlich mit „Lehre" oder „Gesetz" übersetzt wird. Der Buddhismus ist also eine Methode, und die Methode beinhaltet Dialektik – eine Diskussion, einen Austausch zwischen einem Lehrer und einem Schüler, zwischen dem Buddha und seinen Jüngern.

Um den Kern dieses Austauschs zu verstehen, müssen wir wissen, dass das Wort *buddha* von der Sanskritwurzel *budh* kommt, was „wach sein" bedeutet. Ein Buddha ist also ein Mensch, der erwacht ist. Daher ist es ein Titel, kein Eigenname oder Name einer Gottheit. Im Buddhismus gibt es viele Götter (es wäre passender, sie Engel zu nennen). Doch sie werden als geringer angesehen als der Buddha – die Götter sind noch nicht vollkommen erwacht.

Die buddhistische Welt

Der Buddhismus teilt die Welt in sechs Bereiche. Diese Unterteilung ist sehr wichtig für das Verständnis des Buddhismus. Die sechs Unterteilungen sind nicht wörtlich gemeint; sie können sich genauso gut auf einen Zustand des menschlichen Bewusstseins beziehen. Wir fangen an, indem wir einen Kreis ziehen, das Rad des Lebens. Im obersten Teil des Kreises haben wir die *Deva*welt. *Deva* ist mit dem englischen Wort „devil" verwandt, bedeutet aber „Engel" und nicht „Teufel". Und der Grund dafür ist der folgende: Vor Hunderten von Jahren, als die Perser gegen die Arier (die alten Nordinder) kämpften, welche ihre Götter *devas* nannten, verhöhnten die Perser sie, indem sie das Wort mit der Bedeutung „Teufel" verwandten. Die *asuras*, die Geister des Zorns, standen im Gegensatz zu *Ahura* (der in Persien der Herr des Lichts ist). Also haben wir die *devas* ganz oben auf dem Kreis und daneben auf der einen Seite die *asuras*, die Mächte des Zorns (in ihrer Kraft und Strenge ähneln sie Titanen). Unten auf dem

Kreis, gegenüber den *devas*, sind die *narakas*, die Höllenwesen, die alle so unglücklich sind, wie sie nur sein können. Dann gibt es dort die Tiere in einem anderen Bereich und Männer und Frauen in noch einem anderen. Außerdem gibt es hier Wesen, die *pretas* genannt werden: Das sind frustrierte Geister mit sehr großen Bäuchen und sehr kleinen Mündern. Das Ergebnis ist also dieser irre Kreislauf des Seins, der im Sanskrit *samsara* genannt wird, veranschaulicht durch das Rad von Geburt und Tod.

Der höchste Punkt des Kreises ist die größte Höhe, die man erreichen kann, und der niedrigste Punkt des Kreises ist der tiefste Punkt, den man erreichen kann. Während man also versucht, besser und besser zu werden, oder sogar am besten Punkt angelangt ist, kann man sich nur noch zum Schlechteren hin bewegen. Also rennst du herum und herum, immer der Illusion hinterherjagend, dass es etwas außerhalb deiner selbst gibt, außerhalb deines Hier und Jetzt.

Ein Buddha ist jemand, der erwacht ist und erkannt hat, dass dieser Kreislauf der Existenzen – der Kreislauf von Geburten und Toden – nirgendwo hinführt. Darüber hinaus sagt der Buddhismus, dass es nur einen Punkt im Rad des Lebens gibt, von wo aus man ein Buddha werden kann, und der ist hier auf der Erde, als Mensch. In allen anderen Existenzbereichen, der Welt der Götter, der Geister und der Tiere, ist es unmöglich, ein Buddha zu werden. Die *devas* sind viel zu zufrieden, um sich darum zu kümmern, Buddhas zu werden. Die *narakas* sind zu elend, die *asuras* zu zornig, die Tiere zu dumm und die *pretas* zu frustriert. Nur in der mittleren Position der Menschen – der Position potentieller Ausgeglichenheit – kann man sich aus dem Rad der Existenzen befreien und ein Buddha werden.

Also ist der Buddha die Radachse, „der ruhende Punkt des rollenden Rades", um T. S. Eliots Ausdruck zu gebrauchen. Ein Buddha ist auch der Nabel, und das ist der Grund, warum man sagt, dass die Yogis ihren Bauchnabel betrachten. In diesem Sinne ist der Nabel nicht der Bauch, sondern der Nabel der Welt. Ein Buddha ist also jemand, der die Illusion des *samsara* abstreift, den Gedanken, dass er etwas aus dem Leben herausholen müsste. Er erkennt, dass das Morgen es ihm bringen wird und im Lauf der Zeit alles richtig sein wird. Ein Buddha ist frei von dem inneren Zwang, der Zeit hinterherzulaufen – frei von dieser lächerlichen Begierde, den Durst durch Salzwasser zu löschen.

Das soziale System des Buddhismus

Wir können das weiter veranschaulichen, wenn wir den Buddhismus zu dem sozialen System in Beziehung setzen, aus dem er erwachsen ist. Ein buddhistischer Mönch wird manchmal *shramana* genannt, ein Wort, das eng mit dem Wort „Schamane" verwandt ist. Ein Schamane ist ein heiliger Mann in einer Gesellschaft von Jägern und Sammlern – die weder sesshaft noch Ackerbauern sind. Es gibt einen großen und wichtigen Unterschied zwischen einem Schamanen und einem Priester. Ein Priester hat seine Ordination von einem Vorgesetzten erhalten. Ihm wird etwas aus einer überlieferten Tradition übertragen. Ein Schamane findet seine Erleuchtung, indem er in den Wald geht, um dort völlig allein zu sein. Anders gesagt ist ein Schamane ein Mann, der die Einsamkeit durchlebt hat. Er hat die Abgeschiedenheit gesucht, um herauszufinden, wer er wirklich ist, denn das lässt sich schwerlich herausfinden, wenn man sich unter anderen Menschen aufhält.

Andere Menschen sind ständig damit beschäftigt, einem zu erzählen, wer man ist. Wer man ist, wird durch die Gesetze definiert, durch die uns auferlegten Verhaltensregeln, durch die Dinge, die uns erzählt werden, sogar durch die Tatsache, dass wir alle bestimmte Namen haben, und nicht zuletzt durch die Tatsache, dass wir in einer

Welt unaufhörlicher Plapperei leben. Wer herausfinden will, wer er wirklich war, bevor er von seinem Vater und seiner Mutter gezeugt wurde – wer er wirklich ist –, der muss wohl auf eigene Faust losgehen. Er geht in den Wald, hört auf mit dem Reden und sogar mit dem Denken von Worten; er überlässt sich ganz und gar der Einsamkeit und hört dem großen Schweigen zu. Und dann wird er, wenn er Glück hat, von der Illusion befreit, dass er nur dieses kleine Ich, dieser „So-und-so" ist, und erreicht den Zustand des *nirvana*, was „Verlöschen" bedeutet, den Zustand der Erlösung, den Seufzer der Erlösung.

Nirvana könnte mit „puh!" übersetzt werden. Zu guter Letzt hast du herausgefunden, dass du nicht weiterleben musst. Du kannst natürlich weiterleben, aber du stellst fest, dass das, was du wirklich bist, nicht weiterleben muss, denn das ist alles, was ist. Das wirkliche „du" ist es, oder das *tat tvam asi:* „Das bist du!", wie die Hindus sagen.

Im normalen Leben Indiens, das keine Jägerkultur, sondern eine sesshafte Kultur ist, gibt es Priester. Aber es gibt da auch noch eine Rolle jenseits des Priesters. Wenn Männer und Frauen ihr weltliches Leben vollendet haben, sind sie frei, ihren Status in der Gesellschaft aufzugeben und so genannte „Walderemiten" zu werden. Dies geht möglicherweise bis auf die uralten indischen Jägerkulturen zurück. Zu der Zeit, als der historische Buddha geboren wurde (um 600 v. Chr.), hatte das hinduistische System eine gewisse Dekadenz entwickelt. Den heutigen Gelehrten ist nicht vollkommen klar, was geschehen war, aber wir können mit Sicherheit sagen, dass Reformen nötig waren. Als junger Mann sorgte sich der Buddha um die großen Probleme, die uns alle bedrücken – das Problem des Leidens und das Problem, dass wir nicht wissen, wofür das Universum existiert. Er bemühte sich, die Methoden anzuwenden, die damals auch von anderen praktiziert wurden, um sich mit diesen Fragen auseinander zu setzen. Zu jener Zeit war die hauptsächliche spirituelle Praxis eine asketische Disziplin: Hungern, beschwerliche Meditationsübungen, Selbstzüchtigungen und andere Dinge dieser Art. Der Legende nach praktizierte er diese Askese sieben Jahre lang, nur um festzustellen, dass sie nicht zur Befreiung führte. Andere, die diesen Weg befolgt hatten, wussten, dass sie auch nichts erreicht hatten, aber sie hatten das Gefühl, dass sie sich einfach nicht genug bemüht hatten.

Doch Buddha entdeckte einen anderen Weg, den er den „mittleren Pfad" nannte, den Mittelweg zwischen Askese und Genuss: ein Weg, der zu der Befreiung aus dem Kreislauf des *samsara* führen sollte, weder durch Askese noch durch das Streben nach Genuss.

Sehen Sie, Askese und Genusssuche sind die zwei gewöhnlichen Pfade. Manche sagen, dass der ganze Sinn des Lebens darin bestehe, es zu genießen, das meiste aus dem Leben herauszuholen. Und andere, die sich bei der Suche nach Vergnügungen die Finger verbrannt haben, sagen: „Es ist besser, wenn wir uns quälen." Viele Leute genießen das. Letzten Sommer war ich in Mexiko, um den mexikanischen Katholizismus zu studieren, wo sie aus dem Leiden einen großen Kult machen. Mich befremdete das, und ich wollte es verstehen. Überall, wo ich hinkam, sah ich diese schrecklich gequälten Christen, blutend und in verzerrten Posen an Kreuzen hängend. Mir wurde klar, dass es bestimmte Menschen gibt, die das Sitzen auf einer Nagelspitze für einen realistischen Platz in der Welt halten. Wenn man auf einer Nagelspitze sitzt, weiß man, dass man dort ist – daran gibt es keinen Zweifel. Durch das Sitzen auf der Nagelspitze weiß man auch, dass man für all seine Schuld bezahlt: Solange es weh tut, tut man das Richtige. Diese *shramanas* taten etwas Ähnliches: Der Buddha wurde erleuchtet (er wurde ein Buddha) in dem Moment, in dem er die Nutzlosigkeit seiner Bemühungen einsah, den Weg zur Freiheit zu erzwingen. Er hatte versucht, das himmlische Königreich im Sturm zu nehmen.

Der Buddha erkannte auch, dass der wahre Weg, der mittlere Pfad, einen Dialog erforderte. Statt seine Anhänger in die Einsamkeit zu schicken und ihnen schreckliche Härten aufzuerlegen, verwickelte er sie in dialektische Gespräche, die ihnen deutlich machten, dass sie die Buddha-Natur, die sie erringen wollten, schon in sich hatten. Im Buddhismus ist die Einsamkeit nur eine Vorstufe, eine Übergangsphase auf dem Weg, ein *bodhisattva* zu werden.

Ein *bodhisattva* ist jemand, der in gewisser Weise die Welt aufgegeben hat, das Gewand genommen und das gefunden hat, was er suchte. Aber dieses Finden bedeutet gleichzeitig seine Rückkehr in die Gesellschaft. Ein *bodhisattva* ist etwas anderes als ein *pratyeka-buddha*, der die Gesellschaft verlässt und niemals zurückkehrt. Buddhisten schätzen die Errungenschaften wie auch die Einsicht eines *bodhisattvas* für höher ein. Er kehrt zurück, um andere zu ermutigen, ihre wahre Buddha-Natur zu finden. Er hat erkannt, dass wir alle leiden, weil wir versuchen, uns an eine immerfort sich wandelnde Welt zu klammern, und weil wir die Vorstellung haben, dass wir ein separates Selbst sind. Er kehrt zurück, um uns zu helfen, für uns selbst zu erkennen, dass alles nur in Relation zu allem anderen existiert; dass es keine separaten Dinge gibt, keine wahren Selbste, keine Seelen oder Egos.

Im Kern des *buddhadharma* (der buddhistischen Methode) stehen also Beziehung und Dialog, die am Anfang nicht unbedingt das Gleiche sind wie am Ende. Das ist so, weil die Erfahrung des Erwachens – die die Basis des Buddhismus ausmacht – nicht mitgeteilt werden kann. Oder wenn sie mitgeteilt werden kann, kann sie zumindest nicht so ausgedrückt werden, dass der bloße Bericht jemand anderem die Erfahrung vermitteln könnte. Die Erfahrung selbst ist der Höhepunkt eines Abenteuers, und man muss durch dieses Abenteuer hindurchgehen, um zur Erleuchtung zu gelangen. Ich habe mitunter versucht, dieses Abenteuer als *reductio ad absurdum* zu beschreiben – die Absurdität der eigenen falschen Sichtweisen ins Extrem zu führen. Der Buddhismus ist ein Prozess, bei dem der Lehrer den Schüler dazu bringt, beständig seinen eigenen falschen Sichtweisen zu folgen, so dass er schließlich von alleine herausfindet, dass seine Sichtweisen falsch sind.

Methoden des Buddhismus

Man kann sogar sagen, dass der Buddhismus nichts zu lehren hat, überhaupt nichts. Sein Ziel ist allein, unsere Illusionen aufzulösen. Das Erwachen ereignet sich nur dann, wenn die Illusionen verschwunden sind, genau so, wie die Sonne hervorkommt, wenn die Wolken wegziehen. Aber wenn man versucht, die Sonne zu fabrizieren, bevor die Wolken sich verzogen haben, wird es nicht die richtige Sonne sein. Spekulation und der Umgang mit Ideen führen nicht zur Erfahrung des Erwachens.

Eine der Methoden, die buddhistische Lehrer im Dialog gebrauchen, ist Opposition oder Widerspruch. Zum Beispiel sagt man gewöhnlich, der Buddhismus lehre, dass alle Dinge der Veränderung unterliegen, dass nichts beständig ist. So wird jemand, der tiefer in die Lehre eingedrungen ist, sagen, dass Buddha lehrte, die Welt sei unbeständig, um der falschen Ansicht, dass sie beständig sei, entgegenzuwirken. Ein Lehrer des Buddhismus arbeitet immer mit Oppositionen. So antwortet er auch, wenn jemand eine Frage philosophischer Natur stellt, in der Sprache der Alltagswelt.

Schüler: „Was ist das fundamentale Prinzip des Buddhismus?"

Meister: „Ich habe gerade das Geschirr abgewaschen."

Andererseits beantwortet er eine weltliche Frage auf philosophische Weise:

Schüler: „Könnt Ihr mir bitte das Messer reichen?"

Der Lehrer reicht es ihm mit der Schneide nach vorne. „Bitte, ich möchte das andere Ende."

Meister: „Was würdest du mit dem anderen Ende tun?" Verstehen Sie?

R. H. Blythe, ein bedeutender Zen-Schüler, wurde von anderen Schülern gefragt, ob er an Gott glaube. Er antwortete: „Wenn ihr es tut, tue ich es nicht. Wenn ihr es nicht tut, tue ich es." Wenn also etwas gelehrt wird, dann mit der Absicht, einer Meinung entgegenzuwirken.

Der Buddha lehrte, dass es kein Selbst gibt. Seitdem streiten sich die Gelehrten darüber, ob er meinte, dass es kein Ego im Sinne eines künstlichen „Ich" gibt, das allein auf dem Bewusstsein beruht, oder ob die Aussage, dass es kein Selbst gibt, mehr auf das klassisch hinduistischen Verständnis des *atman* zielt – des ultimativen Selbst, der letztendlichen Realität, welche die Wurzel allen Bewusstseins ist. Nun mag er sehr wohl die Vorstellung eines *atman* verneint haben, aber mit der Idee, etwas zu korrigieren: Wenn ein Mensch glaubt, dass sein grundlegendes Selbst jenseits aller Unbeständigkeiten existiert, dann wird er womöglich daran glauben als etwas, woran er sich halten kann, als etwas, das ihm ein Gefühl der Sicherheit geben kann.

Solange man ein Gefühl der Sicherheit hat, hat man den Kern nicht verstanden, denn es bedeutet, dass man sich immer noch auf etwas verlässt. Ein Buddha ist jemand, der von nichts abhängig ist. Das heißt nicht, dass er stark ist im Sinne von „hart im Nehmen". Es heißt, dass er sehr klar erkennt, dass es nichts gibt, auf das man sich stützen kann. Man kann es nicht greifen, und man braucht das auch nicht: Die Sonne muss kein Licht auf die Sonne werfen.

Das ist es, was der Lehrer durch Dialog, Oppositionen und Paradoxien zu vermitteln sucht. Er gräbt allen Dreck unter dir weg, und du fällst (oder denkst, du fällst), weil du es gewohnt bist, dort Erde zu spüren. Wenn man sich in einem völlig leeren Raum befindet, gibt es nichts, wo man hinfallen könnte. Dies ist es, was mit „Sosein" gemeint ist. Ein ähnliches, herrliches Gefühl bekommen Sporttaucher, die zehn Meter oder tiefer unter der Wasseroberfläche sind und anfangen, jedes Gefühl von Schwere zu verlieren. Vielleicht haben sie einen Sauerstoffvorrat von ein paar Stunden, aber plötzlich erkennen sie, dass nichts wirklich Bedeutung hat, dass alles in Ordnung ist. Sie denken: Angenommen, ich sterbe – ja und? Manche Menschen geraten so in Ekstase, dass sie ihre Sauerstoffmasken abnehmen und den Fischen überreichen. In der gleichen Weise antwortete Suzuki auf die Frage, wie *satori* sich anfühle: „Es ist genau wie ein normales Alltagserlebnis, nur zehn Zentimeter über dem Erdboden."

Frei schwebende Mystiker

Dieses Gefühl der Schwerelosigkeit ist ein seltsamer Zustand. Ich behaupte nicht, dass große Mystiker im wörtlichen Sinne über dem Erdboden schweben. Ich meine es in der gleichen Weise, wie wir über die Lichtintensität mystischer Erfahrung sprechen. Denken Sie an die Visionen Giottos oder Fra Angelicos. Sie sehen Licht in allem – sogar in Schatten gibt es viel Farbe. Auch Picassos Werk ist voller Licht. Die Visionen der Mystiker von der Welt sind immer voller Licht. Nur ist es kein Licht im strengen Sinne des Wortes. Es heißt nicht, dass alles leuchtet. Es ist eher so, dass alles transparent ist, was nicht heißt, dass der Mystiker durch einen Körper hindurchsehen und die Wand oder die nächste Person dahinter erkennen kann. Die Dinge sind transparent, da alles klar geworden ist. Die Probleme, die der Mystiker einst für real hielt, sind verschwunden.

Ich kann Ihnen nicht erläutern, wie alles klar geworden ist, aber so ist es. Das ist es, was im Zen „Sosein" bedeutet. Wenn die Dinge im Zustand des „Soseins" gesehen werden, gibt es kein weiterführendes Problem damit – sie sind, was sie sind, und sie tun, was sie tun. Wenn man schließlich an dem Punkt ankommt, an dem man nicht mehr weiß, welche Fragen man noch stellen sollte, klärt sich das Geheimnis auf. Die Fragen sind verschwunden – das Problem ist verschwunden.

Die Methode des Buddhismus führt zu einer Transformation der Art und Weise, wie man die Dinge sieht. Ich würde sogar sagen, dass die Art, wie man die Dinge wahrnimmt, verändert wird. In dieser Hinsicht hat der Buddhismus mehr Ähnlichkeit mit Augenheilkunde als mit Religion. Ein Augenarzt korrigiert das Sehen eines Menschen, damit er klar sieht. In genau der gleichen Weise bedeutet das Erwachen ein klares Sehen. Es ist eine Transformation des Bewusstseins. Aber man sollte vorsichtig sein mit den Implikationen dieses Ausdrucks: Er weist nicht unbedingt auf einen ekstatischen, unnatürlichen oder auch nur sonderbaren Zustand hin.

Mit dem Klar-Sehen meine ich nicht, dass man alles auf einmal ganz anders sieht, als ob man plötzlich die Facetten-Augen einer Fliege erhalten hätte und alles vervielfacht sehen könnte. Alles ist immer noch so, wie es immer war, nur dass es jetzt eine ganz andere Bedeutung hat. Was wir sehen, hängt schließlich von unserem Standpunkt ab. Wir sind durch unsere eigenen Interpretationen hypnotisiert. Zu erwachen bedeutet, die Dinge genau so zu sehen, wie sie sind, frei von Interpretationen, Wertungen oder Urteilen.

Es gibt eine merkwürdige Verbindung zwischen der Erfahrung des Erwachens und dem Verständnis davon. Dieses Verständnis hat tatsächlich drei Stufen. Zunächst geht es um ein intellektuelles Verstehen, bzw. darum, eine Idee davon zu bekommen. Welche Art von Idee meine ich nun? Nehmen wir beispielsweise das Bewusstsein einer dritten Dimension. Wenn man die Dinge nur mit einem Auge anschaut, sieht man die Tiefe nicht. Aber wenn man mit zwei Augen schaut, erscheint die (dritte) Dimension der Tiefe. Doch wenn man einmal das Konzept der Tiefe verstanden hat, kann man sie *sehen*. Nun schaue ich die Dinge nicht mit zwei Augen auf einmal an. Ich schaue entweder mit meinem rechten oder mit meinem linken Auge, ich sehe nicht binokular. Aber ich sehe die Tiefe dennoch, denn ich verstehe, dass es sie gibt, und als Ergebnis dieses Verständnisses sehe ich räumlich. Ich könnte die Natur der Tiefe nicht verstehen, wenn mir gesagt worden wäre, dass die Dinge, die ich sehe, nur zwei Dimensionen haben. Aber wenn ich es erforsche und verstehe, was die dritte Dimension ist, kann ich sie genauer verstehen – die Sache ist mir recht klar. Als Resultat davon, dass mir klar ist, dass es eine dritte Dimension gibt, kann ich sie sehen.

Genauso haben Menschen seinerzeit – ob Sie es glauben oder nicht – die kristallenen Sphären gesehen, durch die die Planeten gestützt wurden. Wie konnten sie sie sehen, wenn sie transparent waren? Nun, sie wussten, dass die Sphären dort oben waren. Da waren sie, für alle sichtbar, denn bekanntermaßen kann man durch Kristall hindurchschauen. Sehen Sie, die Menschen denken wirklich so: Sie sehen Dinge, wenn ihnen hypnotisch suggeriert wird, dass sie sie sehen. Wenn man diese Suggestion wegnimmt, werden sie sie nicht mehr sehen.

Umgekehrt kann man, wenn man ein Zahlensystem von „1–2–3–viele" hat, keine vier Dinge sehen. Man mag etwas sehen, was andere Leute „vier" nennen, aber man wird keine vier sehen, sondern „viele". Vier ist so viel wie fünf. Vielleicht könnte man sogar ein Konzept von einem kleinen Viele, einem mittleren Viele und einem großen Viele entwickeln – das sind wiederum drei. Dann kann es nie eine Tatsache für diesen Menschen sein, dass ein Raum vier Ecken hat – entweder er hat viele Ecken oder nur drei. Wenn man einmal die Idee von vier akzeptiert hat, kann man sehen, dass ein Raum vier Ecken hat.

Wenn ich die Sonne „aufgehen" sehe, weiß ich, dass

sich die Sonne nicht bewegt – die Erde dreht sich. Ich bin oft genug mit dem Flugzeug gereist, um das selbst zu sehen. Die Frage ist dann: Wenn jemand glaubt, dass die Sonne aufsteigt und die Erde stillsteht, sieht er bei einem Sonnenaufgang das Gleiche wie ich? Ich denke nicht, denn mein Sehen wird von einer völlig anderen Interpretation begleitet als sein Sehen. Was man versteht, bestimmt auch das, was man sieht.

In Indien bedeutet „Yoga" die Methode des Erwachens durch intellektuelles Verstehen. Man sagt, dass man den Kern nicht intellektuell verstehen kann, was nur zum Teil richtig ist. Zum Beispiel sagt der alte hinduistische Satz „Du kannst Weisheit nicht aus Büchern lernen", dass Weisheit Dialog bedeutet, aber auch, dass Bücher nur Notizen sind. Anders gesagt sind alle heiligen Bücher nichts anderes als eine Merkhilfe, genau wie die Notation hinduistischer Musik nichts anderes ist als eine Merkhilfe. Die musikalische Notation ist nicht etwas, was man befolgt. Es ist eine Erinnerungshilfe für ein bestimmtes Thema oder *raga*, wonach man improvisiert. Ähnlich sind alle Aphorismen im *Yoga-Sutra*, die Verse der *Bhagavad-Gita* und ähnlicher Schriften zu verstehen: Es sind Notizen, kleine Bemerkungen, die der Lehrer erklären wird. Wenn der Verstand etwas gründlich versteht, wird eine Wahrnehmung daraus. Wenn man es wahrhaft versteht, sieht man.

Wenn der Buddhismus sich Charakter und Bewusstsein des Menschen in seiner höchsten Form – *bodhisattva* genannt – vorstellt, beschreibt er nicht jemanden, der sich außerhalb dieser Welt oder in irgendeinem seltsamen Zustand der Ekstase befindet, oder jemanden, der überall Engel sieht. Echte Engel und Götter sind ganz anders, als man annehmen mag. Wenn man den Staub wirklich anschaut, ist der Staub voller Engel; die Poren der Haut enthalten viele Universen. Wie wundervoll, wenn man sieht, dass alles voller Götter ist! Aber dennoch sieht man nichts anderes als die gewöhnlichen Dinge, die man sieht. Man hat nur ein anderes Verständnis davon. Man lebt dennoch das gleiche gewöhnliche Leben wie alle anderen auch.

Der Bodhisattva

Der Bodhisattva ist in ganz Asien eine ausgesprochen wichtige Vorstellung, denn in der asiatischen Spiritualität gab es immer eine Tendenz der Weltflucht. Das ist sehr verständlich: Wenn das Leben hart ist und es schreckliche Seuchen, Kriege und Hungersnöte gibt, denken die Menschen: „Genug ist genug. Wenn wir wieder und wieder in diesen Mist hineingeboren werden, gibt es nicht einen Weg, um da herauszukommen?" Das reicht, um einen völlig das Interesse am Alltagsleben verlieren zu lassen. Stellen Sie sich einen Trinker vor, einen ernsthaft dem Alkohol hingegebenen Trinker – viele Menschen sind das. Sie wollen aus ihrem Leben herauskommen. In der Trunkenheit ist es ihnen egal, ob sie kein Geld haben, ob sie sterben werden, solange sie nur draußen *bleiben* können. Sie sagen vielleicht (wie viele von uns): „Tja, das ist sehr traurig. Schau dir an, wie sie ihr Leben vergeuden." Doch aus ihrer Sicht vergeuden sie ihr Leben ganz und gar nicht. Sie leben das Leben „außerhalb", das sie leben wollen.

Ein Mensch mag von Opium abhängig sein und in seinem speziellen Paradies leben. Sie sagen: „Ist das nicht schrecklich?" Nun, er möchte außerhalb sein. Aus seiner Sicht ist alles ganz und gar in Ordnung. Wenn er unter Drogen steht, denkt er, dass die Menschen, die jene Ziele verfolgen, die alle anderen für tugendhaft und korrekt halten, verrückt sind. Vielleicht denkt er: „Warum tun das alle? Warum musst du kämpfen und kämpfen, um am Leben zu bleiben? Was denkst du, was dir diese ganze Anstrengung bringen wird?" Also fühlt er, dass es nichts macht, ob es früher oder später vorbei ist, denn Zeit ist eine Illusion. In seinem Bewusstseinszustand kann er aus einer ganz kurzen Zeit eine sehr, sehr lange machen. Er kann an einem Nachmittag hundert Jahre erleben.

Manche denken sogar, dass man aufgrund der Tatsache unsterblich sein könnte, dass sich im Moment des Todes die Wahrnehmung der Zeit ins Unendliche dehnt. Aus der Perspektive eines Außenstehenden, der nicht den gleichen Bewusstseinszustand hat, mag es so aussehen, als ob irgendeinem Kerl der Kopf abgeschlagen wird. Aber aus der Perspektive des Opfers dauert diese Erfahrung ewig, da der Zeitrhythmus sich ändert.

Sehen Sie, wie leicht man auf dem Boden der Philosophie ausrutschen kann?

5. Sosein, von einer Meta-Ebene aus betrachtet

Ein Floß für die Überquerung des Flusses

Wir haben bereits mehrere Aspekte dessen behandelt, was die „Religion der Nicht-Religion" genannt werden könnte. Wir haben die Religion als Floß für die Überquerung eines Flusses betrachtet – Religion im Sinne des *dharma*, nicht so sehr eine Lehre als eine Methode. Wir haben die Religion als Backstein betrachtet, womit man die Tür durchbrechen kann, als Medizin, die eine Krankheit heilen kann und die man wegschmeißt, nachdem sie gewirkt hat. Ich habe angedeutet, dass dieses Denken im Fernen Osten zu einem Lebensstil führte, in dem (in einem sehr hohen Maße) die äußerlichen Symptome von Religiosität verschwanden. Dies gilt insbesondere für die Kunstformen, in denen ein Ding aufhört, das Symbol einer Gottheit oder eines Heiligen zu sein, sondern einfach ein blühender Zweig, ein Stein, fließendes Wasser, Wolken, Vögel oder ein lustiges, altes Männchen wird.

In der religiösen Praxis passiert etwas Merkwürdiges. Je älter eine Religion wird, desto mehr Ansehen verleiht die verflossene Zeit den ursprünglichen Begründern der Religion – aus ihnen werden Übermenschen. Die von ihnen begründete Religionspraxis dagegen verliert ihre Kraft. Sie verwässert zur Gewohnheit, denn die Menschen sagen: „Ach, wir leben halt in einer dekadenten Zeit. In der Vergangenheit, da gab es große Helden – Buddha, Jesus, Konfuzius und ihre Schüler – die all diese wundervollen Dinge getan haben. Aber heutzutage ist alles verdorben, und daher kann niemand damit rechnen, mehr als ein kleines bisschen voranzukommen."

Ich hatte einen Freund, der nach Indien gegangen ist. Er war ein erstaunlicher Kerl, denn er war so ernsthaft. Er machte alles mit; er war voller Kraft und Selbstdisziplin. Er war der Schüler eines indischen Meisters geworden, der in den USA lebte. Mein Freund wurde Vegetarier, praktizierte jeden Tag Yoga und war fest entschlossen, diese Sache zu finden, die wir alle von den Gurus wollen. Schließlich empfahl sein Lehrer ihm den besten Ort, den er in Indien aufsuchen konnte. Also brach er auf. Er wurde Mitglied einer großen Yoga-Schule, wo alle Yoga praktizierten. Er arbeitete so ernsthaft und zielstrebig, dass er innerhalb von vier Wochen alles konnte, was die anderen Schüler konnten, und die waren bereits zwei oder drei Jahre dort.

Mein Freund beherrschte alle Körperstellungen, alle Atem- und Konzentrationsübungen. Eines Tages sagte er zu einem der älteren Schüler: „Was ist mit der echten Versenkung, dem echten *samadhi*? Kann man das hier finden?"

Der Schüler antwortete: „Nein, keiner von uns hat es gefunden. Du solltest besser die Lehrer fragen."

Mein Freund fing an, die Mitglieder der Schule zu befragen: „Was ist mit *samadhi*? Habt ihr es gefunden?"

Die meisten antworteten: „Nein, noch nicht."

„Nun", sagte er, „ich bin bereit, so lange wie nötig hier zu bleiben. Ich muss nicht zurückgehen. Ich habe gerade genug Geld, um zurechtzukommen, und so bin ich bereit, alles zu tun, was ihr mir sagt, und mit meinem ganzen Herzen zu üben. Hat irgendeiner von euch *samadhi* gefunden?"

Und sie alle antworteten: „Eigentlich nicht. Noch nicht."

„Hat es irgendwer? Könnt ihr mir einen sagen, der es hat?"

„Vor ungefähr 125 Jahren gab es jemanden, von dem man annahm, dass er es wirklich gefunden hatte."

Mein Freund fing an nachzudenken: „Wie kommt es

dann, dass alle Lehrer der Schule gerade so aussehen, als hätten sie einen guten Schlaf gehabt, wenn sie aus ihrer Meditationsphase kommen?" Es gibt immer das Konzept eines Goldenen Zeitalters in der Zukunft.

Sosein und Soheit

Ich habe versucht, Ihnen die Bedeutung von „Sosein" oder „Soheit" zu vermitteln. Wenn man etwas von einer „Meta-Ebene" aus bedenkt, bedeutet dies, dass man sich aus einer Situation herausbegibt, um sie zu betrachten. Sagen wir, dass jemand, der weiß, was das Wort „Baum" bedeutet, einem anderen die Bedeutung des Wortes „Baum" vermittelt. Wir sagen, dass dies eine *bedeutungsvolle* Kommunikation ist, da es um die Interpretation des Zeichens „Baum" für die dingliche Entität geht. Wenn wir weiter fragen, stellt sich die Frage: Was ist die Bedeutung der Tatsache, dass diese Menschen Bedeutungen finden und vermitteln? Was ist die Bedeutung von Bedeutung? Wir haben hier eine sehr interessante Situation, in der alles Mögliche auf die eine oder andere Weise passiert. Aber tatsächlich gibt es nicht eine bestimmte Weise, die einer anderen vorzuziehen wäre.

Anders gesagt, bedeutet „Sosein" oder „Soheit" eine Weltsicht auf einer Ebene, wo alles gleichermaßen bedeutungsvoll und gleichermaßen bedeutungslos ist. Auf dieser Ebene verschwindet selbst die Vorstellung von Bedeutung. Man bemerkt dann, dass man entsprechende Ebenen in sich selbst hat. Genau wie es eine Ebene gibt, auf der etwas, das in der Welt passiert, „wichtig" oder „unwichtig" ist, gibt es eine andere Ebene, auf der deine Probleme mit Leben und Tod extrem wichtig sind. Aber wenn man diese Ebene aus einer anderen Perspektive betrachtet – die man auch in sich hat – wird man feststellen: „Ich *betrachte* die Dinge als extrem wichtig oder unwichtig."

Einer Sache große Bedeutung beizumessen, heißt, eine große Angelegenheit daraus zu machen, viel Energie darauf zu verwenden. Nehmen wir an, jemand sorgt sich um leidende Menschen. Wenn er versucht, diese Situation zu beheben, verbraucht er viel Energie und rennt herum, tut dies und das, um die Leidenden zu unterstützen. Aber wenn man die Sache von diesem größeren Kontext aus betrachtet, sind hier Leute, die herumrennen und Menschen davon abhalten, diesen oder jenen Weg zu gehen – was in sich selbst ein Symptom des Leidens ist. Stattdessen kann man in sich selbst tiefer und tiefer hinabsteigen, bis zu einem Punkt, wo man das Leben einfach als Phänomen sieht.

Die Wahrnehmung des Menschen

„Sosein" ist kein Weg, um die Natur der Dinge zu erklären. Ein wichtiger Aspekt des „Soseins" ist das Bewusstsein, das in ihrer Natur liegt. „Sosein" ist transparent und hat einen Nachhall. Innerhalb dieses Bereiches gibt es Raum für eine große Zahl an Wertspielen. Aber man darf nicht vergessen, dass Wertspiele nur Spiele sind. Wir haben uns angewöhnt, die Welt als physisches Kontinuum anzusehen – tatsächlich nicht einmal als Kontinuum: Wir unterteilen das Universum in Unbewegliches und Bewegliches, Bewusstes und Unbewusstes, Lebendes und Totes, Organisches und Anorganisches. Im 19. Jahrhundert gab es eine Lehre, die behauptete, dass alles anorganisch sei, dass das Bewusstsein mineralisch und metallen sei. Man glaubte, dass alles sehr kompliziert war, mit allen möglichen Flüssigkeiten und klebrigen Dingen, aber dass letztlich alles aus Mineralien bestehe, die grundsätzlich in der Art einer Maschinerie zusammenwirkten.

Ein berechtigter Einwand gegen diese Sichtweise ist, dass man auf diese Weise auf die Dinge herabsieht und sie entwertet. Wir wollen uns nicht mit so peinlichen Fragen wie „Wer ist es, der diesen Einwand macht?" aufhalten, aber wenn man das ganze Universum auf Einwänden aufbaut, sagt man wirklich: „Ich möchte unglücklich sein." Nun ist es jedermanns gutes Recht, unglücklich zu sein. Eine andere Sichtweise ist: „Ich möchte realistisch sein." Das ist in gewisser Weise auch eine Art des Unglücklichseins – und auch das ist vollkommen in Ordnung, wenn man sich so fühlen möchte. Aber wenn jemand sagt, er wolle realistisch sein, dann hat er absolut kein Recht zu behaupten, dass seine Sichtweise stichhaltiger ist als unsere, wenn wir das Gegenteil behaupten.

Tatsächlich ist das Universum ein Kontinuum dessen, was ist, das „Sosein". Das Leben ist ein Spektrum, in dem es die sehr bewussten und die nur wenig bewussten Dinge gibt. *Doch alles ist bewusst.* Wenn Sie eine Glocke läuten, dringt es als „dong" an Ihre Ohren, und die Glocke selbst erlebt einen Zustand der Vibration, die eine sehr einfache Form des Bewusstseins ist, aber doch Bewusstsein. Wenn man es so versteht, muss man nicht mit dem Problem ringen, wie das Bewusstsein in eine mechanische Welt kommen konnte. Es ist bei weitem einfacher anzunehmen, dass es schon immer da war, dass alles Bewusstsein hat, wenn auch in unterschiedlichen Graden.

Die Idee eines Bewusstseinsspektrums erscheint sehr viel plausibler, als anzunehmen, dass es zwei völlig verschiedene Substanzen gibt – einen Stoff, der „Materie" genannt wird, und einen anderen, der „Geist" genannt wird. Wenn Sie zum Beispiel einen schönen Farn sehen, können Sie zunächst sagen, dass es ein Stiel ist, ein isolierter Gegenstand. Dann nehmen Sie vielleicht weitere Stiele wahr, die neben dem Hauptstiel herauskommen. Dann wachsen aus jedem einzelnen dieser Stiele wieder weitere an der Seite heraus. Also bemerken Sie: „Schau sich das einer an. Wird das nicht sehr stachelig? Alles voller Stacheln." Schließlich werden die Stiele gerade neben den Stacheln weich und haarig. Plötzlich haben Sie etwas, das Sie eine Frucht nennen würden.

Ein anderes Beispiel: Manche Leute haben ausgesprochene Tick-tack-Uhren – das heißt, dass auf der Uhr nur die Stunden markiert sind. Es gibt Armbanduhren, auf denen nur vier Punkte markiert sind, um zwölf und sechs und um drei und neun Uhr. Auf der anderen Seite kann man sehr teure Armbanduhren kaufen, die als Stoppuhren zu gebrauchen sind, das Datum angeben, als Tachometer funktionieren und alle möglichen anderen Funktionen haben. Das Innere einer solchen Uhr kann so kompliziert werden, dass sie anfängt, wie eine Blume auszusehen. Was zunächst wie ein einfaches Metallobjekt aussah, nimmt schließlich die Erscheinung eines wundervoll wachsenden, lebendigen Dings an. Wenn man einmal einen gewissen unfassbaren Punkt von Komplexität erreicht hat, scheint ein „Objekt" lebendig zu werden. Das ist es, was ich mit dem Bewusstseinsspektrum meine.

Das Bewegliche bejahen

Ob man nun sagt, dass das Unbewegliche nur weniger lebendig ist, oder ob man sagt, dass das Lebendige nur die maximale Komplexität des Unbeweglichen ist, hängt davon ab, ob man zu der Welt „ja" oder „nein" sagen will. Das „Ja" lässt alles lebendig aussehen, das „Nein" lässt alles tot aussehen.

Was passiert, wenn man „nein" sagt und alles tot aussieht? Man erfährt eine extreme Form der Differenzierung zwischen einem selbst auf der einen Seite und allem, was man erlebt, auf der anderen Seite. Wenn man „nein" zum Leben sagt, muss man auch zu sich selbst „nein" sagen: Wenn das Leben Müll ist, dann muss man selbst es auch sein. Daher ist die einzige Art, diese Sichtweise und auch die eigene Glaubwürdigkeit aufrechtzuerhalten, die grundlegende Trennung zwischen sich selbst und der Welt.

Wenn man die Welt jedoch zu schätzen weiß – wenn man „ja" zu ihr sagt – schließt man sich selbst darin ein; man steht nicht mehr länger außerhalb. Man gibt zu, dass man auch ein Teil der ganzen Sache ist: Dein Ego, dein Selbst ist so unlösbar mit allem verbunden, dass du keinen ultimativen Unterschied mehr wahrnimmst zwischen dir selbst und dem, was um dich herum vorgeht. Das ist das gesamte System. Du bist ein Teil davon; du stehst nicht außerhalb.

Das ist nicht einfach anzunehmen für diejenigen unter uns, deren Denken auf Satzstrukturen und Grammatik mit Subjekt, Verb und Objekt aufgebaut ist. Irgendwie müssen wir hinter die Sprache gelangen, um die Totalität des Lebens und Bewusstseins zu erfahren. Ein Limerick, der mir in den Sinn kam, weist auf unser Dilemma hin:

Ein junger Mann sagte: Ich sucht' den Beweis,
und es scheint, dass ich weiß, dass ich weiß.
Doch was ich gern kennt',
Ist das Ich, das mich kennt,
Wenn ich weiß, dass ich weiß, dass ich weiß.

Der junge Mann im Limerick erlebt das Leben als einen Spiegelsaal. Doch wenn man sieht, dass die physische Welt und das Bewusstsein untrennbar verbunden sind, wird die physische Welt nicht länger im Spiegel des Bewusstseins reflektiert; sie und das Bewusstsein sind eine Einheit. Was man „dort draußen" vor sich sieht, ist tatsächlich eine Wahrnehmung im Kopf; es sind alles Quanten der Außenwelt, die in Formen des Gehirns umgewandelt werden. Das Gehirn wiederum kann als etwas der Außenwelt Zugehöriges erscheinen: Man mag den Eindruck haben, dass jemand im Gehirn sitzt, das reflektierte

Bild der Außenwelt betrachtet und sagt: „Nun, da ist es. Was für ein nettes Bild." Das Zentrum der Sehnerven liegt im Hinterkopf, so dass das, was man vor seinen Augen sieht, gerade hier hinten drin passiert.

Dennoch gibt es niemanden dazwischen, der sich umdreht und nach dem Hinterkopf schaut, um zu sehen, was da vorne vor sich geht. Die eigene Wahrnehmung und die Wahrnehmung anderer Menschen sind ein und dasselbe. Das ist etwas Wechselseitiges zwischen uns allen. Wir alle haben unsere Sichtweisen von anderen Menschen und anderen Dingen. Sichtweisen von Sichtweisen. Sichtweisen von Ansichten. So muss man nicht hinterfragen, wie der Wissende weiß. Man muss sich nicht den Kopf darüber zerbrechen, wie die Welt einen Eindruck beim wissenden Subjekt hinterlässt, so dass das Subjekt sich alles anderen bewusst sein kann. Diese Art von Spiegel- oder Kameraprozess passiert gar nicht.

Es ist wichtig, das zu verstehen, denn jedermanns Denken wird so stark durch diese Metaphern beeinflusst – diese Metaphern, die Wissen und Bewusstsein mit Spiegeln und Kameras vergleichen. Diese Metaphern bringen unnötige Komplikationen mit sich. Dasjenige, dessen man sich bewusst ist an äußeren Wahrnehmungen, an so genannten inneren Gefühlen und inneren Gedanken, *das ist es, was man ist*. Krishnamurti drückt es so wunderbar aus, wenn er dem Leser sagt, dass es keinen Denker hinter dem Gedankengang gibt. Er sagt, dass man den Denker erschafft. Man erschafft sich den Gedanken eines Denkers hinter den Gedanken in einem Moment der Unsicherheit, wenn man sich zurückziehen möchte. In Wirklichkeit existiert nur die „leuchtende Erfahrung", wenn man es so nennen will. Und man kann das Wort „leuchtend" wegnehmen und das Wort „bewusst" an seine Stelle setzen. Der Kopf, das Nervensystem, die Augen, die Sinne und der Körper – sie treffen nicht von außerhalb auf die externe Umgebung. *Man selbst* ist die externe Umgebung. Besser gesagt, der eigene Kopf, die Augen und so weiter sind Punkte, in denen sich die Umgebung manifestiert; als Totalität, die alles um sich herum fühlt, wie ein Seeigel, aus dem überall kleine Stacheln herauskommen, und jeder von uns ist einer dieser kleinen Stacheln.

6. Die Welt, so wie sie ist: Das Goldene Zeitalter des Zen

Der Trick des Erzählens

Eine Zen-Unterweisung ist immer so etwas wie ein Trick. Denn worum es wirklich geht, liegt im Bereich der Erfahrung, die nicht mit Worten ausgedrückt werden kann. Aber man sollte auch daran denken, dass sich eigentlich nichts wirklich adäquat mit Worten ausdrücken lässt. Die ganze Kunst der Poesie liegt darin, das zu sagen, was nicht gesagt werden kann. Und so fühlt jeder Dichter, jeder Künstler, wenn er ans Ende seines Werkes kommt, dass er etwas Wesentliches ausgelassen hat. Zen hat sich selbst immer als Finger beschrieben, der auf den Mond deutet. Wir müssen aufpassen, dass wir den Finger nicht mit dem Mond verwechseln und besonders (wenn der Finger nach Religion aussieht) nicht zum Trost daran lutschen, statt der Richtung zu folgen, in die er zeigt.

Zen befasst sich mit dem, was der Sanskrit-Ausdruck *tat tvam asi* („Das bist du!") ausdrückt. *Tat* ist das Wort, das für *brahman* steht, die absolute Realität in der hinduistischen Philosophie. Das bist du, nur in Verkleidung – in so guter Verkleidung, dass du es vergessen hast. Aber leider sind solche Ideen – wie der letzte Grund des Seins, das Selbst, *brahman*, die höchste Realität, die große Leere – alle sehr abstrakt. Zen hat einen sehr viel direkteren Zugang, um zu einem Verständnis dieser so genannten „Soheit" zu kommen. Zen ist in diesen vier Aussagen zusammengefasst worden: Es ist eine direkte Vermittlung außerhalb der Schriften, jenseits der Tradition. Es hängt nicht von Worten oder Buchstaben ab. Es wendet sich direkt an den menschlichen Geist. Zen heißt, Einsicht in die eigene Natur zu erhalten und Buddha zu werden, erleuchtet zu werden, zu erwachen von der normalen Hypnose, der wir alle erlegen sind.

Ich denke, dass ein Grund, warum sich westliche Menschen vom Zen angezogen fühlen, in seinem ungewöhnlichen Humor liegt. In aller Regel haben Religionen keinen Humor. Religionen sind eine ernsthafte Angelegenheit. Wenn man Zen-Kunst betrachtet und Zen-Geschichten liest, fällt auf, dass etwas darin nicht ganz so ernsthaft ist, so ernst der Inhalt auch sein mag. Ein anderer für westliche Menschen attraktiver Aspekt ist die Tatsache, dass Zen keine Doktrin hat. Es gibt nichts, an das man glauben müsste; es moralisiert nicht. Tatsächlich hat Zen ohnehin kein sonderliches Interesse an Moral. Es ist vielmehr ein Forschungsgebiet, ähnlich der Physik.

Im Westen wurde ein Bild vom Zen vermittelt, das anders ist als das, was man heute in Japan findet. Angefangen mit Daisetz Suzuki haben die Zen-Meister in Amerika in erster Linie frühes chinesisches Zen präsentiert, das sich auf alte Schriften aus der Zeit von 700–1000 n. Chr. stützt. Das frühe chinesische Zen hat eine ganz andere Note als das moderne japanische Zen. Viele der Leute, die nach Japan gehen, um Zen zu studieren, lehnen Suzuki und (selbstverständlich) auch meine Auslegung des Zen grundsätzlich ab, da wir für die Praxis des Sitzens nicht besonders viel übrig haben. In Japan kann Zen heutzutage in jeder Situation praktiziert werden. Und doch sitzt man und sitzt und sitzt. R. H. Blythe fragte einmal einen Zen-Meister: „Was würdest du tun, wenn du nur noch eine halbe Stunde zu leben hättest?" Und er sagte: „Ich würde *zazen* machen", was heißt, er würde wie ein Buddha sitzen und meditieren. Blythe hatte ihm mehrere Optionen gegeben: „Würdest du deine Lieblingsmusik anhören? Würdest du zu Abend essen? Würdest du dich betrinken? Würdest du die Gesellschaft einer schönen Frau wollen? Würdest du einen Spaziergang machen? Was würdest du tun?" Oder würdest du einfach mit deiner gewöhnlichen Beschäftigung weitermachen, als ob nichts passierte? Mit anderen Worten, würdest du deine Uhr aufziehen? Blythe war also sehr enttäuscht über die Antwort. Und er sagte: „Weißt du, Sitzen ist nur ein Weg, um Zen zu praktizieren."

Wie schon erwähnt, spricht der Buddhismus von den vier Haltungen des Menschen – Gehen, Stehen, Sitzen und Liegen. *Zazen* ist im Japanischen einfach das Wort für „Sitz-Zen". Es muss auch Geh-Zen, Steh-Zen und Liege-Zen geben. Man sollte zum Beispiel wissen, wie man auf Zen-Art schläft – was heißt, tief zu schlafen. Zen ist mit den Worten charakterisiert worden: „Wenn du hungrig bist, iss; wenn du müde bist, schlaf." Ein Schüler, der diese Beschreibung hörte, fragte: „Tun das nicht alle?" Der Meister antwortete: „Nein, das tun sie nicht. Wenn sie hungrig sind, essen sie nicht nur, sondern denken an tausend Dinge. Wenn sie müde sind, schlafen sie nicht nur, sie träumen unzählige Träume."

In gewisser Weise erinnert dies an die alte abendländische Wahrheit: „Was deine Hand auch zu tun findet, tu es mit aller Kraft." Aber das ist nicht das Gleiche wie Zen, wenn auch manche Leute ihn in dieser Weise zusammenfassen wollen. Eine berühmte Geschichte illustriert das jetzige Verhältnis zwischen Ost und West sehr schön. Paul Reps, der ein sehr schönes Buch namens *Zen Telegrams* gezeichnet hat, bat einmal einen Zen-Meister, den Buddhismus in einem Satz zusammenzufassen. Der Meister sagte: „Don't act, b– act." [„Tu nichts, s– handle."] Reps war sehr erfreut, denn er dachte, der Meister hätte gesagt: „Don't act, but act." [„Tu nichts, sondern handle."] Dies würde natürlich das taoistische Prinzip des *wu-wei* beschreiben: Handeln mit dem Gefühl, ein Teil der Welt zu sein. Erkennen, dass man auch das Universum ist: Dein Handeln darin ist keine Einmischung, sondern ein Ausdruck der Totalität. Aber das Englisch des Meisters war ausgesprochen schlecht, und Paul Reps hatte ihn missverstanden. Der Meister hatte gesagt: „Don't act bad act." [„Tu nicht schlechte Handlung."] Das ist die Art von Einstellung, die jede Geistlichkeit im Laufe der Zeit entwickelt. Sie sehen das, wenn Sie in die Kirche gehen (falls Sie es tun). Die Predigt läuft oft auf die Aussage hinaus: Liebe Leute, ihr sollt gut sein. Alle wissen, dass sie gut sein sollen, aber kaum jemand weiß, wie – oder nicht einmal, was gut ist.

Plötzliches Zen

Die wahre Faszination des Zen für den Westen ist jedoch, dass es eine plötzliche Einsicht in etwas verspricht, das angeblich viele Jahre Studium erfordert. Psychoanalytiker werden sagen, dass die Probleme, in die man sich im Laufe der Jahre verwickelt hat, nicht in einem Tag zu lösen sind und dass es viele, viele Sitzungen dauern wird – vielleicht zweimal die Woche für mehrere Jahre –, um alles ins Reine zu bringen. Ein Christ wird sagen, dass man, um sich auf einen Weg spiritueller Disziplin zu begeben, einen spirituellen Vormund braucht und sich dem Willen Gottes unterwerfen muss. Aber vielleicht wird man die hohen Ebenen des kontemplativen Gebets erst nach vielen, vielen Jahren erreichen. Hinduisten und Buddhisten sagen auch, dass es viele lange Jahre dauert – vielleicht mehrere Inkarnationen –, Jahre der Meditation, harter Konzentration, schwieriger Übungen und strenger Disziplin. Doch auf die Frage, wie lange es dauern würde, mit Hilfe von Zen zu erwachen, sagte der Maler Hasegawa: „Es kann drei Sekunden dauern. Es kann dreißig Jahre dauern."

In der Zen-Literatur wimmelt es von Geschichten, die auf einem Dialog, einem nicht-rationalen Austausch von Fragen und Antworten zwischen einem Zen-Lehrer und seinem Schüler aufbauen. Oft scheint der Schüler zum Ende des kurzen Gesprächs die Sache zu begreifen. Einmal gab ich einem Freund, der großes Interesse an östlicher Philosophie hatte, ein Buch mit solchen Dialogen. Er erzählte mir später: „Ich habe kein Wort davon verstanden, aber es hat meine Laune enorm verbessert." Dieses Buch heißt *Mumonkan*, was „Schranke ohne Tor" oder „torloses Tor" bedeutet. Erinnern wir uns an die Geschichte, in der ein Schüler Meister Joshu fragt: „Was ist die fundamentale Lehre Buddhas?"

Der Meister fragte ihn: „Hast du gefrühstückt?"

„Ja."

„Dann geh und wasch deine Schüssel."

Und der Mönch wurde erleuchtet. Nun mag einer sagen, dass die Schüssel ein Symbol für die große Leere ist, das allumfassende Universum. Und der Mönch hatte sie wahrscheinlich schon vorher gewaschen, denn im Kloster schütten die Mönche unmittelbar nach dem Essen Tee in ihre Schüsseln, schwenken sie hin und her, waschen und trocknen sie. In diesem Fall kann man denken, dass der Meister sagte: „Tu nicht zu viel des Guten", oder um einen wahren Zen-Satz zu gebrauchen: „Hänge einer Schlange keine Beine und einem Eunuchen keinen Bart an."

Doch der Sinn der Geschichte ist so klar, dass ihre Einfachheit selbst sie schwierig macht. In diesem Sinne erinnern alle diese Geschichten an Witze: Die Pointe hat etwas unmittelbar Mitreißendes. Wenn man die Pointe eines Witzes versteht, lacht man spontan los. Aber wenn die Pointe erklärt werden muss, lacht man nicht so einfach – man zwingt sich zum Lachen. In genau der gleichen Weise beabsichtigen diese Geschichten, eine plötzliche Einsicht in die Natur des Seins herbeizuführen. „Die Natur des Seins" klingt wieder sehr abstrakt. Doch was der Lehrer tatsächlich sagte, war: „Geh und wasch deine Schüssel."

Nicht dies, nicht das

Bodhidharma, der den Buddhismus nach China brachte, bestand immer darauf, dass er nichts zu lehren habe. Warum kam er dann? Das ist eine der fundamentalen Fragen. Ich habe oft in meinen Vorträgen gesagt, dass ich nicht versuche, irgendjemanden zu einer bestimmten Sichtweise zu bekehren. Tatsächlich habe ich niemandem etwas zu sagen; nähme ich das an, wäre es, als ob ich jemanden bestehlen und ihm dann seine eigene Uhr verkaufen wollte. Sie mögen sich nun fragen, warum ich rede. Genauso gut können Sie den Himmel fragen, warum er blau ist, oder die Wolken, warum sie herumschweben, oder die Vögel, warum sie singen.

In einer großartigen Zen-Geschichte sagte einer der alten Meister: „Als ich ein junger Mann war und nichts vom Buddhismus wusste, waren die Berge Berge und die Flüsse Flüsse. Aber als ich anfing, ein wenig vom Buddhismus zu verstehen, waren die Berge nicht mehr Berge und die Flüsse nicht mehr Flüsse." Mit anderen Worten, wenn jemand anfängt, wissenschaftliche und philosophische Nachforschungen anzustellen, wird durch die Frage nach den Ursachen alles wegerklärt. Oder man sieht, dass alle scheinbar getrennten Dinge der Welt in Wirklichkeit überhaupt nicht voneinander getrennt sind. Schließlich kam der Zen-Meister jedoch zu der Einsicht, dass tatsächlich „die Berge Berge waren und die Flüsse Flüsse". Zen nennt das „direktes Deuten". Es behauptet nicht, dass man die Welt sehen muss, ohne Ideen davon zu formen. Das würde zu weit gehen; aber es ist dennoch ein Schritt in der richtigen Richtung. Zen-Lehrer sprechen in höchsten Tönen von *mushin*, „Nicht-Bewusstsein", oder *munin*, „Nicht-Gedanke". Dies ist keine anti-intellektuelle Einstellung: *Munin* heißt nicht, überhaupt keine Gedanken zu haben. Ein normaler Mensch ist durch das Denken genauso verwirrt wie ein Universitätsprofessor; auch intellektuell kann man in einer nicht-gedanklichen Weise denken. *Munin* heißt: sich nicht durch Gedanken täuschen lassen; sich nicht hypnotisieren lassen durch die Art zu reden und die Bilder, die wir von der Welt haben; sich nicht hypnotisieren lassen zu der Annahme, dass die Welt tatsächlich so ist. Es bedeutet, die Möglichkeiten des Lebens nicht durch Worte zu limitieren. Ich besitze einen Fächer mit einer Inschrift, die ein hundert Jahre alter Zen-Meister geschrieben hat. Die Inschrift sagt: „Ich verstehe nicht – Ich verstehe gar nichts davon."

Das Nicht-Wissen des Bodhidharma

Als Bodhidharma zu Ende des 5. Jahrhunderts nach China kam, lud ihn der Kaiser Wu ein, der ein großer Freund des Buddhismus war. In einer Variante der Geschichte, die ich oben bereits erzählt habe, sagte der Kaiser: „Wir haben viele Klöster bauen lassen, Mönche und Nonnen ausgebildet und Schriften ins Chinesische übersetzen lassen. Welcher Verdienst liegt darin?"

Bodhidharma antwortete: „Gar kein Verdienst."

Nun war die populäre Vorstellung des Buddhismus, dass man durch das Tun guter Dinge, religiöser Dinge, Verdienst erwerben konnte. Verdienst führte einen zu immer besseren zukünftigen Leben, so dass man schließlich aus dem Rad der Wiedergeburten befreit werden konnte. Der Kaiser war also vor den Kopf gestoßen, er sagte: „Was ist dann das erste Prinzip der Heiligen Lehre?"

Bodhidharma antwortete: „Völlige Leere und nichts Heiliges." Oder: „In völliger Leere gibt es nichts Heiliges."

Der Kaiser fragte: „Wer ist es dann, der vor uns steht?" (implizierend: „Hält man dich nicht für einen heiligen Mann?")

Und Bodhidharma sagte: „Ich weiß es nicht."
Ein Gedicht sagt:

Blumen pflückend, auf die sich Schmetterlinge setzen,
Sagt Bodhidharma, ich weiß nicht.

Ein anderes Gedicht:

Willst du wissen, woher die Blumen kommen –
Sogar der Gott des Frühlings weiß es nicht.

Jeder der behauptet zu wissen, was Zen ist, ist ein Schwindler. Niemand weiß es. Du weißt nicht, wer *du* bist. Zu wissen, wer man ist, heißt, in der Lage zu sein, die eigene Nase zu riechen. Das ist der Grund, warum ein Zen-Meister, mit dem ich in Japan über den Text namens *Shobo-genzo* („Das Schatzkammer-Auge des Wahren Dharma" von Dogen) sprach, mir sagte: „Das ist ein schreckliches Buch. Es erklärt alles so genau. Es verdirbt die ganze Sache. Man braucht kein Buch für Zen. Das Geräusch des Regens braucht keine Übersetzung."

Zen in historischer Perspektive

Zen ist eine Unterform des Mahayana-Buddhismus, der buddhistischen Schule, der es um das Erreichen der Buddha-Natur in dieser Welt geht. Man muss nicht in die Wildnis gehen oder aus Angst, sich darin zu verfangen, auf Familie und Alltagsleben verzichten. Das Ideal des Mahayana-Buddhismus ist die Figur des *bodhisattva*, der das Nirvana erreicht hat, aber, statt zu verschwinden, in vielen Gestalten zurückkehrt. *Bodhisattvas* werden in der Zen-Kunst oft als Bettler dargestellt. (Es gibt sogar ein berühmtes Gemälde eines *bodhisattvas* in der Gestalt einer Prostituierten.) Der Künstler Sengei malte ein schönes Bild von dem Bettler Hotei (auf Chinesisch Pu-tai), der enorm dick ist. Hotei sagt: „Buddha ist tot. Maitreya (der nächste Buddha) ist noch nicht gekommen. Ich habe gerade wunderbar geschlafen und habe nicht einmal von Konfuzius geträumt." Er gähnt und räkelt sich beim Aufwachen.

Zen ist das, was sich in China aus dem Mahayana-Buddhismus unter dem Einfluss von Taoismus und Konfuzianismus entwickelte. Dann brachten Zen-Mönche konfuzianische Ideen nach Japan. Die Ursprünge des Zen liegen tatsächlich um das Jahr 414 n. Chr., als ein großer hinduistischer Gelehrter – Kumarajiva – und seine Gehilfen die *sutras* ins Chinesische übersetzten. Einer der Schüler Kumarajivas lehrte, dass alle Wesen die Möglichkeit haben, Buddhas (erleuchtet) zu werden – sogar Felsen und Steine. Sogar Ketzer und Verbrecher haben die Buddha-Natur oder Buddha-Potential in sich. Natürlich sagten alle, dass dieser Schüler ein entsetzlicher Ketzer sei. Aber dann behauptete ein Text – genannt *Nirvana-Sutra* –, der aus Indien nach China kam, exakt das Gleiche. Also mussten alle zugeben, dass dieser Mann Recht hatte. Der Gehilfe fing dann an zu lehren, dass das Erwachen unmittelbar sein muss, eine Art Alles-oder-Nichts-Zustand. Ich will nicht sagen, dass der Zustand keine unterschiedlichen Intensitätsgrade hat. Doch wenn man einmal das Prinzip versteht, versteht man die ganze Sache. Wenn der Eimer seinen Boden verliert, verschwindet das ganze Wasser auf einmal.

Diese Männer verkündeten also den Weg des plötzlichen Erwachens. Bodhidharma kam später, und der Legende nach war er der erste einer Reihe von sechs Patriarchen. Der zweite, namens Eka, war zuvor General gewesen. Sosan (Seng-ts'an), der dritte, schrieb *Shinjinmei* (auf Chinesisch *Hsin-hsin-ming*), eine wunderbare kleine Zusammenfassung des Buddhismus in Versen. Und so ging es weiter, bis sie zu E'no (Hui-neng) kamen, dem sechsten Patriarchen, der 713 n. Chr. starb. E'no war der wahre Begründer des chinesischen Zen, der Mann, der aus der ganzen Sache eine Synthese machte. Seine gesammelten Gespräche sind im *Plattform-Sutra* enthalten, das jeder Zen-Schüler lesen sollte.

E'no führte das Zen wirklich mit der chinesischen Lebensart zusammen. Er betonte insbesondere, dass es ein Fehler ist zu glauben, dass man die Buddhaschaft erlangt, wenn man den ganzen Tag stillsitzt und den Geist leer werden lässt. Zu jener Zeit praktizierten viele Schüler *dhyana*, eine hinduistische Praxis, bei der man für lange Zeiten stillsitzt und meditiert. Aus dem Sanskrit-Wort *dhyana* wurde im Chinesischen *Ch'an*, woraus wiederum im Japanischen *Zen* wurde. Damals dachten alle, dass der richtige Weg des Meditierens darin bestünde, so ruhig wie möglich zu sein. Aber nach der Ansicht des Zen ist das Stillsitzen eher das Merkmal eines steinernen Buddhas als eines lebenden. Ich kann einem Steinbuddha auf den Kopf hauen – plong! – und er fühlt nichts.

Ein berühmter Zen-Meister namens Tanka ging einmal in einer sehr kalten Nacht zu einem etwas einsam gelegenen Tempel. Er nahm eine der Buddhafiguren vom Altar, zerhackte sie und machte daraus ein Feuer. Als der Tempelaufseher am Morgen ankam, war er entsetzt über den zerstörten Buddha. Tanka nahm seinen Stock und fing an, damit in der Asche herumzusuchen. Der Tempelpriester fragte ihn: „Wonach suchst du?"

Tanka antwortete: „Ich suche die *sali* (die Juwelen, die man angeblich im Körper eines echten Buddhas findet, wenn er verbrannt wird)."

Also sagte der Priester: „Du kannst nicht erwarten, in einem hölzernen Buddha *sali* zu finden."

„In diesem Fall", sagte Tanka, „gib mir den zweiten Buddha für mein Feuer."

Sehen Sie, das ist der Unterschied zwischen einem lebenden Buddha und einer Buddhafigur. Soweit es um Zen geht, liegt man völlig falsch, wenn man denkt, das Erwachen bedeute, keine Empfindungen und Gefühle zu haben – niemals die Nerven zu verlieren, verärgert oder traurig zu sein. „Wenn dies dein Ideal ist", sagte E'no, „dann musst du auch ein Holzklotz oder ein Felsbrocken sein." Während alle diese Emotionen vorüberziehen, ist dein wahrer Geist unerschütterlich, gerade wie der Himmel. Wenn einer mit der Hand durch den Himmel fährt, hinterlässt er keine Spur. Die Vögel beflecken das Blau nicht, wenn sie vorüberfliegen. Wenn ein Teich das Bild einer Gänseschar reflektiert, bleibt die Spiegelung nicht bestehen.

Einen reinen Geist haben

Einen reinen – oder klaren – Geist zu haben, heißt im Zen also weder, gar keine Gedanken zu haben, noch ist es eine Frage des Vermeidens schmutziger Dinge. Auf die Frage „Was ist Buddha?" antwortete ein großer Meister der T'ang-Dynastie einmal: „Ein trockener Scheißhaufen." Reinheit bedeutet im Zen, dass der Geist an nichts haftet. Man hegt keinen Groll. Man hängt nicht der Vergangenheit nach. Man geht mit dem Leben, das in ständigem Fluss ist: Das ist das *tao*, der Fluss des Lebens. Man bewegt sich mit dem Leben, ob man will oder nicht. Man kann gegen den Strom schwimmen, aber man wird dennoch durch das Wasser bewegt, und alles, was man erreicht, ist schließlich, dass man sich müde macht, ohne etwas zu erreichen. Doch wenn man mit dem Wasser des Stromes schwimmt, gehört einem die ganze Kraft des Stromes. Natürlich besteht die Schwierigkeit oft darin herauszufinden, in welche Richtung der Strom fließt. Aber in jedem Fall vergeht im Fließen des Stromes alle Vergangenheit; die Zukunft ist noch nicht da. Es gibt nur einen Ort zu sein – hier und jetzt. Es gibt auch keine Möglichkeit, irgendwo anders zu sein. Wenn man das ganz und gar verstanden hat, ist die Aufgabe erledigt. Man lebt unmittelbar, im Moment.

Das war E'nos Prinzip. Er hinterließ fünf große Schüler,

die im Großen und Ganzen dasselbe lehrten. Aber diese Schüler hatten Schüler, und diese hatte wiederum Schüler – und es ergaben sich Abspaltungen. Das Zen zerbrach in fünf Schulen, von denen einige keinen Bestand hatten. Zwei hauptsächliche Formen blieben bestehen: Die eine ist das japanische *Rinzai-Zen* – nach dem großen Meister Rinzai (Lin-chi), der gegen Ende des 9. Jahrhunderts lebte, die andere die *Soto*-Schule. Die zwei Schulen haben unterschiedliche Schwerpunkte: Soto ist ruhiger in der Herangehensweise, Rinzai ist temperamentvoller. Rinzai-Anhänger benutzen die *koan*-Methode, Soto-Anhänger nicht – zumindest nicht in der gleichen Weise.

Die Periode zwischen dem Tod des sechsten Patriarchen, E'no, und dem Jahr 1000 n. Chr. wird als Goldenes Zeitalter des Zen betrachtet. Nach diesen prägenden Jahren begann die Bedeutung des Zen in China abzunehmen. Es vermischte sich mit anderen Formen des Buddhismus und erlitt das Schicksal der meisten spirituellen Disziplinen: Es geriet auf okkulte Abwege und fing an, die Entwicklung übernatürlicher Kräfte zu betonen. Es vermischte sich mit chinesischer (taoistischer) Alchimie und allen möglichen Albernheiten, die für das eigentliche Zen völlig abwegig sind. Ein sehr starker Zweig des Zen jedoch ging nach Japan, zunächst im Jahr 1130 n. Chr. mit dem Mönch Eisei und dann um circa 1200 n. Chr. mit Dogen, der das große Kloster in Eiheiji gründete, das heute noch existiert.

Geh-Zen

Im Goldenen Zeitalter des Zen war die hauptsächliche Methode des Studiums nicht Sitz-Zen (*zazen*), sondern vielmehr Geh-Zen. Alle Mönche waren große Reisende, und sie wanderten viele Meilen durch Felder und Gebirge. Sie besuchten Tempel, um nach einem Meister zu suchen, der ihren Funken zum Erleuchten bringen konnte. Sie suchten das, was im Mandarin *wu*, im Japanischen *satori* genannt wird – das Erwachen von der Illusion, ein getrenntes Ego zu sein, in der eigenen Haut eingeschlossen zu sein, die Erkenntnis, dass man das ganze Universum in sich trägt.

7. Die Welt, so wie sie ist (II)

Wer trägt meinen Körper?

Eines der *koans*, der Meditationsprobleme, fragt: „Wer ist es, der deinen Körper herumträgt?" Finde diesen Kerl. Finde heraus, wer der Denker hinter den Gedanken ist. Wer ist das echte „du"? Eine der Methoden, die dafür benutzt wird, ist Schreien. Der Zen-Meister sagt zu seinem Schüler: „Ich möchte dich hören. Ich möchte hören, wie du das Wort „Fluss" sagst und es wirklich meinst. Denn ich möchte nicht nur den Laut hören, sondern auch die Person, die spricht. Nun, sag es für mich."

Also sagt der Schüler: „Fluss."

Und der Zen-Meister sagt: „Nein, noch nicht."

„Fluss."

Und der Lehrer sagt ihm: „Es kommt nur aus deiner Kehle. Nun möchte ich deinen Bauch hören."

Sehen Sie, der Trick ist der, dass es niemals richtig herauskommen wird, solange die Person versucht, zwischen einem wahren und einem falschen „Fluss" zu unterscheiden. Man muss mit Vertrauen handeln; man tut es einfach. Aber da die Menschen nicht daran gewöhnt sind, müssen geschützte Situationen geschaffen werden, in denen sie es können. Das Zen-Training baut diese Art von Übungsgelände auf, wo die Schüler ein bestimmtes Verhalten praktizieren können, bis sie Experten darin sind und wissen, wie man es in allen Situationen einsetzt. Ein Zen-Lehrer konfrontiert seine Schüler mit allen möglichen Situationen, bei denen sie unter den Bedingungen normaler sozialer Verhältnisse stecken bleiben würden. Er tut das mit Hilfe unsinniger Fragen oder absurder Kommentare, durch alle möglichen verrückten Dinge, mit denen man jemand aus der Fassung bringen kann. Außerdem lässt der Meister ihnen keine Ruhe, indem er unmögliche Forderungen aufstellt: den Ton des Klatschens *einer* Hand zu hören, den Pfeifton eines Zuges in der Ferne anzuhalten, die vier Teile Tokyos aus dem Ärmel zu holen, den Berg Fuji aus einer Pillenschachtel herauszunehmen.

Sie fragen alle diese unmöglichen Dinge, um uns von den gewöhnlichen Wahrnehmungsweisen zu lösen. Sie tun dies, damit wir begreifen, dass es ein ebenso gutes Spiel wäre, geradewegs tot umzufallen wie weiterzuleben. Ist ein Blitz schlecht, weil er für eine Sekunde existiert, im Vergleich zur Sonne, die Milliarden Jahre bestehen bleibt? Man kann keine solchen Vergleiche aufstellen: Langlebige und kurzlebige Kreaturen sind Teil derselben Welt. Das ist die Bedeutung der Redeweise: „Blühende Zweige wachsen natürlich, manche lang, manche kurz."

Verhaltens-Zen

In einer Zen-Gemeinde wird spontanes Verhalten gefördert – in gewissen Grenzen. Während der Schüler sich mehr und mehr an die Grenzen gewöhnt, werden sie erweitert, bis man ihm schließlich zutraut, auf die Straße hinauszugehen und sich wie ein wahrer Zen-Charakter zu verhalten. Das Wichtigste ist, sich daran zu erinnern, dass man keine Fehler machen kann – denn was ist eigentlich ein Fehler? Seit unserer Kindheit müssen wir uns konform verhalten zu einem gewissen sozialen Spiel. Wenn man sich an dieses Spiel anpasst, kann man sich entweder richtig verhalten oder Fehler machen. Dieses Denkmuster läuft ständig in uns ab: „Du musst das Richtige tun. Ein bestimmtes Verhalten ist hier passend, ein bestimmtes Verhalten ist dort passend." Das gibt uns ein zweites Ich für unser ganzes Leben, und wir werden niemals erwachsen. Das ganze Leben lang spielen wir ein Spiel – ein Kindheitsspiel. Wir bewegen uns die ganze Zeit in einem Wettbewerb – „ich bin stärker als du"; „ich bin klüger als du"; „ich bin liebenswerter als du"; „ich bin gebildeter als du". Im Kontext dieses Wettbewerbs können wir natürlich das Gesicht verlieren und Fehler machen.

Doch ein Zen-Schüler, ein echter Mönch, befasst sich nicht mit diesem Statusspiel. Und um ein Meister zu sein, muss er an einem Punkt ankommen, wo er nicht versucht, ein Meister zu sein. Aus der Sicht des Zen ergibt es einfach keinen Sinn, „besser zu sein als irgendein anderer" – es ist völlig bedeutungslos, denn man sieht, dass jeder Einzelne das Wunder des Universums manifestiert, genauso wie die Sterne, die Flüsse, die Winde und die Tiere. Man sieht, dass alle am richtigen Ort sind und gar keine Fehler machen können – obwohl sie vielleicht denken, dass sie Fehler machen, während sie bei diesem Wettbewerb mitspielen.

Zen-Spiele

Wenn das Spiel nun anfängt, langweilig zu werden oder Magengeschwüre zu verursachen, dann stellt sich die Frage, wie man da herauskommt. Man interessiert sich für Dinge wie Zen – das ist einfach ein Zeichen, dass man in einer bestimmten Richtung wächst. Wenn man müde ist, gewisse Spiele zu spielen, bewegt man sich so natürlich in eine andere Richtung, wie ein Baum einen neuen Zweig wachsen lässt. Aber man sollte nicht vergessen, dass im Prozess des Wachsens die Eiche nicht besser ist als die Eichel. Was tut die Eiche? Sie produziert Eicheln. Oder, um einen meiner Lieblingsausdrücke zu gebrauchen: Das Huhn ist die Methode, die das Ei verwendet, um andere Eier zu werden. So ist die Eiche die Methode der Eichel, andere Eicheln zu werden.

Der wahre Grund, warum Zen nicht erklärt werden kann, besteht darin, dass man einen Sprung machen und das Bewertungsspiel verlassen muss – zwischen besseren und schlechteren Menschen, zwischen Gruppen und Außenseitern. Stattdessen muss man sehen, dass sie alle voneinander abhängig sind. Wenn man das versteht und sich nicht am Wettbewerb beteiligt, dann macht man keinen Fehler, denn man zögert nicht. Man könnte denken, dass der Zen-Meister, wie wir ihn kennen, nicht in Einklang mit dieser Sichtweise der gegenseitigen Abhängigkeit zu bringen wäre: Er mag als überlegene, autoritäre Figur erscheinen. Diesen anfänglichen Eindruck macht er mit Absicht. Er macht enorm viel Aufhebens davon, wie ein alter Drache daherzukommen: Das siebt all die Leute heraus, die keine Nerven haben, sich an die Arbeit zu machen.

Aber wenn man einmal dabei ist, geschieht eine merkwürdige Verwandlung – der Meister wird ein Bruder. Er wird der fürsorgliche Helfer für alle seine Schüler, und sie mögen ihn, wie sie einen Bruder mögen, mehr als dass sie ihn wie einen Vater respektieren. Schüler und Meister machen gegenseitig Witze über den anderen. Sie haben eine interessante Beziehung zueinander: Auch wenn sie allem äußerlichen Anschein nach autoritär ist, wissen alle innerhalb, dass die ganze Show nur ein Witz ist. Befreite Menschen müssen sehr gelassen sein. Sonst würden sie in einer Gesellschaft, die nicht an Gleichheit glaubt (und sie unmöglich praktisch umsetzen kann), als extrem subversiv angesehen werden. So tragen große Zen-Meister Purpur und Gold, halten Zepter und sitzen auf einem Thron, und all das wird getan, um die Leute zu beruhigen. Die Außenwelt weiß, dass die Zen-Anhänger in Ordnung sind. Sie haben Disziplin, sie haben Ordnung, also werden sie den gesellschaftlichen Status quo nicht durcheinander bringen.

8. Die Welt, so wie sie ist (III)

Die japanische Klostertradition

Nachdem wir über die grundlegenden Prinzipien des Zen gesprochen haben, werde ich nun zu seiner praktischeren Seite übergehen: der klösterlichen Zen-Praxis. Ein Zen-Kloster ist kein Kloster im christlichen Sinne. Es ist eher wie ein theologisches Seminar, abgesehen davon, dass es mehr um Übung als um Lehre geht. Eine typische Institution besteht aus einem Gelände, auf dem es viele Gebäude gibt. Im Umkreis japanischer Klöster findet man immer weitere unabhängige Tempel, die in der Vergangenheit von hoch stehenden Familien gestiftet wurden. Denn als die Buddhisten in den Fernen Osten kamen, nutzten sie den Ahnenkult, der in den Religionen Chinas eine große Rolle spielte, für sich aus. Die buddhistischen Priester hielten Zeremonien ab (einem Requiem sehr ähnlich), um die Ruhe der Seelen sicherzustellen und für eine gute Reinkarnation zu beten. Buddhistische Gedenkzeremonien für die Verstorbenen sind eine der wesentlichen Aufgaben japanischer Tempel.

Die Menschen besuchen die Tempel nicht in der gleichen Weise, wie westliche Menschen zur Kirche gehen; sie machen Pilgergänge zu den Tempeln. In einem großen Tempel wie Eiheiji wird man fast jeden Morgen ungefähr 500 Menschen antreffen, die an der Vier-Uhr-"Messe" teilnehmen, dem gesungenen Vortrag der buddhistischen Schriften. Die Tempel halten spezielle Zeremonien ab, wie Gedenkzeremonien, Hochzeiten und verschiedene Arten von Bestattungen. Allerdings haben sie keine Gemeinde, wie wir sie im Christentum finden.

Das Herz eines Zen-Tempels heißt *sodo*. *So* ist das japanische Wort für *sangha*, ein Sanskrit-Wort, das „Nachfolger Buddhas" bedeutet. *Do* heißt einfach Halle. Also ist die *sangha*-Halle oder *sodo* das Zentrum des Tempels. Es besteht aus einer Reihe von Räumen, aber der Hauptsaal, das eigentliche *sodo*, ist ein langer, geräumiger Saal mit Podesten an beiden Seiten und einem breiten Korridor in der Mitte. Die Podeste, die 1,80 m breit sind, werden von einer Reihe Tatami-Matten bedeckt, die 180 x 90 cm messen. Jedem Mönch ist eine Matte zugewiesen. In einem Wandregal hinter der Matte hebt er seinen ganzen Besitz auf (der sehr einfach ist). Die Matte ist sowohl der Schlafplatz als auch der Meditationsplatz des Mönchs.

Eine Figur des *bodhisattva* Manjushri steht in der Halle, mehr oder weniger in der Mitte des Korridors zwischen den Podesten. Manjushri ist ein *bodhisattva* – in Japan nennen sie ihn „Manju" – und in seiner Hand hält er das Schwert der Weisheit, *prajna*, das alle Illusionen zerschneidet.

Die Klöster haben auch Küchen, Bibliotheken und spezielle Tempel für Zeremonien. In anderen Gebäuden wohnen der *honshi* oder Abt, der administrative Kopf des Klosters, und der *roshi*, der spirituelle Lehrer. In der Rinzai-Schule des Zen ist jeder Tempel unabhängig – es gibt keine Instanz wie den Papst oder die Bischöfe, obwohl zwischen allen Tempeln einer Schule eine brüderliche Beziehung besteht. Die Soto-Schule hat eine Hierarchie, aber im Großen und Ganzen ist dennoch der *honshi* die zuständige Person. Der *roshi* ist der verehrte Lehrer, der Mann, vor dem alle Angst haben, zumindest von außen betrachtet.

Abstoßendes Zen

Wer in einer dieser Institutionen studieren möchte, sollte sich vorsehen – die Klöster machen es einem nicht leicht. Anders als das Willkommen, das einem in christlichen Kirchen entgegengebracht wird, versuchen sie hier, die Leute abzustoßen. Natürlich werden westliche Menschen mit einer Höflichkeit behandelt, die normalerweise den Japanern nicht zugestanden wird. Außerdem nehmen die Mönche an, dass ein Europäer oder Amerikaner, der es auf sich genommen hat, Japanisch zu lernen, über den Ozean zu reisen und unter ungewohnten Bedingungen zu leben, es mit dem Zen sicherlich ziemlich ernst meint.

Traditionell kommt man am Tor in seiner Reisekleidung an. Die Reisekleidung eines Zen-Mönchs ist überaus pittoresk. Er trägt einen großen Pilz auf dem Kopf, einen enormen Strohhut, ein schwarzes Gewand, kürzer als ein Kimono, mit langen, weißen *tabi*-Strümpfen darunter sowie *geta*, Holzsandalen mit Absätzen, die einen ein wenig größer machen. Der reisende Mönch trägt vorne eine kleine Kiste, in der er seine Essensschalen, seinen Rasierer, seine Zahnbürste und dergleichen notwendige Gebrauchsgegenstände unterbringt. Wenn er ankommt, wird ihm gesagt, dass dieses Kloster sehr arm ist und dass es sich nicht leisten könne, mehr Schüler aufzunehmen; der Lehrer werde langsam alt, es würde ihn zu viel Kraft kosten und so weiter. So muss er draußen auf den Stufen sitzen. Er stellt seine Reisekiste vor sich hin, nimmt seinen großen Hut ab, legt seinen Kopf auf die Kiste, und wartet dort den ganzen Tag lang. Er wird in ein besonderes kleines Gasthaus zum Essen geladen, denn die Gastfreundschaft darf einem reisenden Mönch nicht verwehrt werden. In der Nacht bekommt er hier einen Platz zugewiesen, aber man erwartet, dass er nicht schläft, sondern die ganze Nacht mit Meditation zubringt. In der Vergangenheit dauerte diese Behandlung eine Woche oder zehn Tage, wodurch der Mönch getestet werden sollte.

Schließlich kommt der Gehilfe des *roshi* zu ihm und sagt, dass der *roshi* ihn sprechen möchte. Für einen jungen Mönch ist der *roshi* ein Furcht erregender Mensch, normalerweise ein älterer Mann mit undefinierbarer Kraft – einer gewissen Heftigkeit gepaart mit enormer Direktheit –, jemand, der einem bis auf den Grund schauen kann. Nur durch seine Anwesenheit fragt er den jungen Kerl, was er will, warum er gekommen ist.

„Ich bin gekommen, um mich in Zen unterrichten zu lassen", bietet der Mönch zögernd an.

Der Lehrer antwortet: „Nun, wir lehren hier nichts. Es gibt im Zen nichts Bestimmtes zu studieren."

Der Schüler weiß – oder glaubt zu wissen – dass dieses „nichts Bestimmtes", was im Zen studiert wird, das Eigentliche ist. Als Buddhist weiß er, dass dieses „nichts Bestimmte" das Universum, die große Leere, *shunyata*, ist – also fühlt er sich nicht betroffen. Er sagt: „Dennoch gibt es hier Menschen, die arbeiten und unter Eurer Anleitung meditieren, und ich würde gerne einer von ihnen sein."

„Nun, vielleicht", sagt der *roshi*, „aber nur zur Probe." Dann notieren die Mönche sich alle Details, und der Novize zahlt eine lächerlich kleine Summe, um bleiben zu dürfen – es ist sehr, sehr billig. Kurz darauf kommt der Lehrer zurück und sagt: „Warum möchtest du nun Zen lernen?"

„Weil ich eingeschlossen bin in den Kreis von Geburt und Tod, in den Teufelskreis von Leid und Schmerz. Ich will befreit werden."

Der *roshi* fragt daraufhin: „Wer ist der, der befreit werden will?"

Das stoppt die Unterhaltung.

Es gibt eine schöne, alte Geschichte über eines dieser Vorgespräche: Der Meister fängt mit sehr beiläufigen Fragen an: „Was ist dein Heimatort? Wie heißt du? Was hat dein Vater getan? Wo bist du zur Schule gegangen? Warum ist meine Hand einer Buddha-Hand so ähnlich?" Und plötzlich, mitten in der Unterhaltung – plong – ist der Schüler blockiert. Die wirklich grundlegende Frage oder *koan* ist: „Wer bist du?" Was ist das, was dem Kreislauf von Geburt und Tod entrinnen will? Ich akzeptiere keine Worte als Antwort. Dich möchte ich sehen, und alles, was du mir im Moment zeigst, ist deine Maske.

Dann wird der Schüler also zu den Mönchsquartieren zurückgeschickt und ihm wird beigebracht, wie er sich zu benehmen hat, welche Regeln es gibt, wie man isst und wie man meditiert. Im Zen sitzt man auf einem gepolsterten Kissen, das in etwa die Dicke eines Telefonbuchs hat, was ein origineller Ersatz wäre. Mit in der Lotus-Position übereinander geschlagenen Beinen, wobei die Füße auf den Oberschenkeln liegen (wie bei Buddhastatuen), sitzt man für halbstündige Meditationsperioden, die Zeit, die ein Räucherstäbchen zum Abbrennen braucht. Wenn zwei hölzerne Klöppel zusammengeschlagen werden, stehen alle auf, um ziemlich schnell einige Runden im Kreis herumzulaufen. Das hält die Meditierenden wach. Dann gehen sie auf ein Signal hin alle wieder zu ihren Kissen und meditieren weiter.

Zwei Mönche stehen an gegenüberliegenden Seiten des Raums, und jeder hält einen langen, flachen Stock, der fast die Form eines Fächers hat – dünn an der einen Seite und gerundet an der anderen. Wenn einer einen Mönch einnicken, zur Seite kippen oder auf irgendeine andere Art herumhängen sieht, macht er eine respektvolle Verbeugung vor dem Mönch, der seinen Kopf auf die Knie legt, und der andere nimmt den Stock und schlägt ihn kräftig auf die Schultern. Die meisten Verteidiger des Zen sagen, dass dies keine Strafe ist, sondern nur dazu dient, um wach zu bleiben. Das stimmt so nicht. Ich habe das untersucht: Es ist dasselbe wie in britischen Jungenschulen, nur dass die Zen-Bestrafung nicht die erotische Note hat, die britische Prügel haben. Zen-Mönche nehmen es gelassen hin, aber die Bestrafungen sind eine heftige Sache.

Den Atem zählen

Zum Beginn des *zazen* tun die Mönche nichts, als ihre Atemzüge zu zählen – von eins bis zehn – um ihre Gedanken ruhig zu stellen. Zen-Schüler schließen beim Meditieren weder die Augen noch die Ohren. Sie richten ihre Augen auf den Fußboden vor sich und versuchen nicht, irgendwelche Laute oder Empfindungen zu verdrängen. Es kann eine äußerst angenehme Beschäftigung sein, den kleinen Geräuschen zu lauschen, wie dem weit entfernten Verkehr, zwitschernden Vögeln, bellenden Hunden, einem Hämmern irgendwo und insbesondere dem Regen auf dem Dach. Die Meditierenden verdrängen das nicht, aber im Laufe der Zeit besinnen sie sich statt des Atemzählens auf das *koan*, das der *roshi* ihnen aufgetragen hat. Jeden Tag geht der Schüler dann zum *sanzen* und versucht, eine befriedigende Antwort für das *koan* vorzustellen.

Sanzen ist der Moment im Kloster, zu dem alles erlaubt ist, auch wenn der Mönch eine formelle Annäherung wählt. Der Mönch muss vor dem Zimmer des Meisters warten und dreimal anklopfen. Auf ein Zeichen des Meisters kommt er herein, setzt sich vor dem Meister nieder und verbeugt sich bis zum Boden. Dann setzt er sich auf, wiederholt das *koan*, das ihm aufgetragen wurde, und bietet eine Antwort an. Wenn der Meister nicht zufrieden ist, kann er einfach nur eine Glocke anschlagen, was heißt: Das Gespräch ist vorbei, so geht es nicht. Er kann dem Schüler auch einen Tipp geben oder ihn noch weiter verwirren.

Dem Schüler ist wirklich erlaubt, absolut direkt zu sein. Es ist so, als würde er gefragt: „Nun sei nicht verlegen; ich möchte, dass du völlig aufrichtig bist. Ich kann nämlich Gedanken lesen, und ich weiß, ob du aufrichtig bist oder nicht. Ich kann direkt bis zu dem letzten hintersten Eckchen deines Kopfes schauen." Wenn der Schüler denkt, dass der Meister das kann, steckt er in einer Zwickmühle: Es wird von ihm erwartet, ganz direkt zu sein. Wie kann man das aber auf Befehl tun, insbesondere wenn die Person, die einem gegenübersteht, eine Vater- oder Autoritätsfigur ist?

Die Sensei-Überväter

In Japan ist der *sensei* oder Lehrer eine Person, die sogar noch mehr Respekt einflößt als der Vater – was viel sagt. In der Gegenwart dieses Tigers sollst du nun völlig spontan sein. Während er deine Antworten wieder und wieder zurückweist, wirst du immer verzweifelter. Nach und nach stellt sich der Zustand ein, der „großer Zweifel" genannt wird. Die Schüler versuchen zu allen möglichen Tricks Zuflucht zu nehmen. Sie haben alle die alten Zen-Geschichten gelesen, und sie kommen mit Steinen und Holzstücken und versuchen, den Lehrer damit zu schlagen, sie versuchen alles und jedes – und doch scheint nichts richtig zu sein.

Ich kannte einmal einen Amerikaner, dem ein besonders quälendes *koan* gegeben worden war. Eines Tages, als er auf dem Weg zum *sanzen* bei seinem Lehrer war, sah er einen Ochsenfrosch neben dem Weg sitzen. (In Japan gibt es viele Ochsenfrösche, und diese sind in der Regel sehr zahm.) Er nahm den Frosch hoch und versteckte ihn im Ärmel seines Kimonos. Bei seinem Lehrer angekommen, holte der Schüler den Ochsenfrosch heraus. Der Meister schüttelte den Kopf und sagte: „Zu intellektuell." Natürlich meinte der Lehrer nicht „zu intellektuell", sondern „zu konstruiert", „zu künstlich".

An diesem Punkt wissen die Schüler, dass sie nur die bizarren Lösungen anderer kopieren, etwas, womit sie einfach nicht durchkommen. So erreichen sie einen Zustand totaler Verzweiflung. Wenn der Schüler diesen Punkt erreicht hat, fängt der Lehrer an, ihn zu ermutigen. Er sagt:

„Sieh doch, du kommst der Sache näher. Aber du musst bereit sein, dafür zu sterben." Manche Schüler haben sogar geschworen, Selbstmord zu begehen, wenn sie es nicht in soundso viel Tagen herausbekommen. Schließlich kommt die Zeit, wo der Schüler vor seinen Lehrer treten kann und es ihm schnurzegal ist, weil er sieht, weil er den Kern verstanden hat. Es gab von Anfang an gar kein Problem – er hat das Problem selbst gemacht. Dann projizierte er es auf den Meister, der den Mönch einfach dümmer machte.

Der Schüler wird weiterkämpfen, bis er einsieht, wie albern der Gedanke ist, dass er vom Leben abgetrennt ist und die Oberhand darüber gewinnen kann. Diese Illusion, das Spiel zu gewinnen, die Sache herauszufinden, verschwindet daher allmählich. An einem *koan* zu arbeiten, ist wie ein Moskito, der einen eisernen Bullen beißt. Es ist die Natur des Moskitos zu beißen – und die Natur des Eisenbullen ist es, nicht gebissen zu werden. Der Kampf mit dem *koan* ist eine übertriebene Form dessen, was jeder normalerweise zu tun versucht – das Spiel zu gewinnen. Wenn der Meister sieht, dass der Schüler den Ton gehört hat, den eine Hand beim Klatschen macht, oder herausgefunden hat, wer er war, bevor Vater und Mutter ihn zeugten, dann sagt er: „Gut. Du hast das Eingangstor zum Zen gefunden. Du hast einen Fuß in die Tür hineingestellt, und du bist über die Schwelle hinweg. Aber es ist noch ein weiter Weg: Nun, da du dieses unbezahlbare Ding gefunden hast, musst du deine Anstrengungen verdoppeln." Und so gibt der Meister dem Schüler ein weiteres *koan*.

Der Abschluss der Zen-Ausbildung

Diese Ausbildung kann sehr lange dauern. Doch schließlich kommt der Tag des Abschieds, und es gibt ein großes Trara. Alle kommen, um sich von dem Mönch zu verabschieden, der geht, um ein Laienbruder, ein Tempelpriester oder sogar ein *roshi* zu werden. Aber Zen ist auch gefährlich: Ohne einen guten Ratgeber können Menschen unter einer solchen Belastung leicht verrückt werden. Es ist auch klar, dass diese Methode der Zen-Ausbildung nicht gut in die moderne Zeit passt – die relativ leeren Tempel zeugen davon. Hosen-ji, der größte Tempel Kyotos, ist gebaut, um 600 Mönche zu beherbergen, aber heute gibt es dort nicht mehr als 80 Mönche. Man kann denken, dass das eine recht große Zahl ist, aber im Vergleich zu den alten Zeiten sind es sehr wenige Mönche.

Für die jungen Leute im heutigen Japan ist das klösterliche Zen-Leben unverständlich; die meisten sehen keinen Sinn darin, bis auf ein paar Söhne von Klerikern, welche die Familientradition weiterführen. Die japanische Zen-Tradition ist alt und starr festgelegt – wie so oft in alten Organisationen. Seit der Zeit Hakuins (1689–1769) gibt es *koans* mit festgelegten Antworten – es gibt eine vorgeschriebene Antwort, und der Meditierende muss sie genau treffen. Nachdem er die Frage beantwortet hat, muss er das Gedicht aus einem kleinen Buch mit dem Titel *Zenrin-kushu* finden, die *Sammlung von Aussprüchen aus dem Zen-Wald* (zenrin heißt „Zen-Wald" oder Klostergemeinde). Der Schüler macht den kurzen Vers ausfindig, der die Bedeutung des *koan* darstellt.

Um 1700 gab es einen kritischen Punkt, als gleichzeitig zwei sehr bedeutende Zen-Meister lebten, Hakuin und Bankei. In der japanischen Geschichte war das 17. Jahrhundert außerordentlich bedeutsam; es war eine Zeit, die wir die „Demokratisierung der Kultur" nennen könnten. Basho ist der bis heute bekannteste Haiku-Dichter, aber jeder konnte Haiku schreiben – nicht unbedingt für die Publikation, sondern zum Spaß. Verbunden war das Siebzehn-Silben-Haiku mit einem besonderen, vom Zen inspirierten Gefühl für die Natur. Vor dieser Zeit hatte sich die Poesie so obskur, so entkräftet und gekünstelt entwickelt, dass nur wenige sie überhaupt schreiben konnten. Basho

entwarf Haikus, die auf den *zenrin-kushu*-Gedichten basieren, wie zum Beispiel:
Ein Vogel ruft,
Der Berg verändert sich –
Geheimnisvoll

In dem zugrunde liegenden Gedicht heißt es:
Der Wind legt sich,
Aber die Blumen fallen weiter.
Der Vogel ruft,
Und der Berg wird geheimnisvoller.

Das Haiku entwickelte sich also aus dieser Art von kleiner Einsicht, diesem kurzen Einblick in die Natur. Während Basho die Poesie zu den Bauern brachte, trug Bankei auch das Zen zu ihnen. Sein Zen bewegte sich in einem komplett anderen System. Er sprach über etwas, das er *bussho* nannte: das „Ungeborene", das noch nicht erschienen ist und auch niemals erscheinen wird. Nach Bankei hat jeder einen ungeborenen Geist in sich, den er von den Eltern erhalten hat. Ich zitiere den nachfolgenden Text von Bankei ausführlich, da seine Auffassung von Zen darin gut zum Ausdruck kommt:

Der Geist, den wir alle von unseren Eltern erhalten haben, ist nichts anderes als der Buddha-Geist, geburtslos und makellos. Er reicht aus, um mit allem umzugehen, was das Leben für uns bereithält. Ein Beweis: Stellt euch vor, dass in just diesem Moment, während ihr mir zugewandt seid und meinen Worten lauscht, eine Krähe krächzt und ein Spatz irgendwo hinter euch zwitschert. Ohne die geringste Absicht, zwischen diesen Lauten zu unterscheiden, hört ihr jeden davon eindeutig. Indem ihr dies tut, hört ihr mit dem geburtslosen Geist, der euch bis in alle Ewigkeit gehört.
Von nun sollen wir diesen Geist anerkennen, und un-

sere Schule wird als die "Buddha-Geist"-Schule bekannt sein. Um mein Beispiel von gerade aufzugreifen: Wenn jemand von euch die Krähe und den Spatz mit Absicht gehört hat, macht ihr euch etwas vor, denn ihr hört auf mich und nicht auf das, was hinter euch vorgeht. Dennoch gibt es Momente, da ihr diese Laute eindeutig hört – wenn ihr mit dem geburtslosen Buddha-Geist hört. Niemand hier kann daran zweifeln. Jeder von euch ist ein lebender Buddha, denn der ungeborene Geist, den jeder besitzt, ist der Anfang und die Basis von allem.

Wenn nun der Buddha-Geist geburtslos ist, ist er notwendigerweise unsterblich, denn wie kann das, was niemals geboren wurde, vergehen? Jeder, der die Sutras gelesen hat, wird auf den Ausdruck "geburtslos und unvergänglich" gestoßen sein – nicht geboren, nicht sterbend – aber bis jetzt hattet ihr nicht den kleinsten Beweis für seine Wahrheit. Ich nehme an, dass ihr euch wie die meisten Menschen diesen Begriff gemerkt habt, ohne etwas über die Tatsache der Geburtslosigkeit zu wissen.

Als ich fünfundzwanzig war, wurde mir klar, dass Nicht-Geburt völlig ausreichend für alles Leben ist, und seitdem habe ich es Menschen wie euch bewiesen. Ich war der Erste, der diese große Wahrheit des Lebens gepredigt hat. Ich frage, ob einer von euch Priestern irgendeinen anderen diese Wahrheit hat predigen hören? Natürlich nicht.

Ein Priester sagte zu ihm: "Einmal im Buddha-Geist, bin ich geistesabwesend." Bankei sagt: "Nun, nehmen wir an, dass du geistesabwesend bist, wie du sagst. Wenn jemand dich in den Rücken zwicken würde, würdest du den Schmerz spüren?" "Natürlich." "Dann bist du nicht geistes-abwesend. Beim Gefühl des Schmerzes würde dein Geist zeigen, dass er wach ist."

Ein Laienbruder sagte: "Obwohl ich mich der Zen-Dis-

ziplin unterwerfe, ertappe ich mich oft dabei, faul und der ganzen Sache überdrüssig zu sein, und ich mache keinen Fortschritt." Und Bankei antwortet: „Einmal im Buddha-Geist gibt es keine Notwendigkeit, Fortschritte zu machen, noch ist es möglich zurückzufallen. Einmal in der Geburtslosigkeit, ist der Versuch, Fortschritte zu machen, eine Abkehr von dem Zustand der Nicht-Geburt. Ein Mensch, der diesen Zustand erreicht hat, muss sich mit solchen Dingen nicht abgeben, er steht darüber."
Der Buddha-Geist in jedem von euch ist makellos. Alles, was ihr getan habt, ist darin gespiegelt. Aber wenn ihr euch den Kopf über eine solche Spiegelung zerbrecht, geht ihr mit Sicherheit in die Irre. Eure Gedanken liegen nicht tief genug, sie steigen aus den Untiefen eures Geistes auf. Denkt daran, dass alles, was ihr seht und hört, im Buddha-Geist gespiegelt wird und durch das, was vorher gesehen und gehört wurde, beeinflusst wird. Natürlich sind Gedanken keine Einheiten. Wenn ihr ihnen also erlaubt aufzusteigen, sich selbst widerzuspiegeln oder ganz aufzuhören, wozu sie von sich aus neigen, und wenn ihr euch nicht darum sorgt, werdet ihr niemals in die Irre gehen. Auf diese Weise lasst hundert, sogar tausend Gedanken aufsteigen, und es ist so, als wäre nicht ein einziger aufgestiegen – ihr werdet ungestört bleiben.
Das Einzige, was ich meinen Anhängern sage, ist, im Buddha-Geist zu verweilen. Es gibt zwar gewisse Regeln, aber keine formale Disziplin. So sind sie darin übereingekommen, jeden Tag für eine Dauer von zwei Räucherstäbchen Sitz-Zen zu betreiben – also gut, lasst sie das tun. Aber sie sollten sehr wohl verstehen, dass der geburtslose Buddha-Geist absolut nichts damit zu tun hat, dass man dasitzt, während ein Räucherstäbchen vor einem abbrennt. Wenn jemand ohne Zwang im Buddha-Geist verweilt, muss er kein weiteres **satori**

suchen. Ob wach oder schlafend ist er ein lebender Buddha. Zazen bedeutet nur eines – ruhig im Buddha-Geist zu sitzen. Aber ihr wisst, dass das ganze Alltagsleben in Wirklichkeit als ein Art Sitz-Zen angesehen werden sollte. Sogar während des formalen Sitzens darf man den Sitz verlassen, um sich um etwas zu kümmern. Zumindest in meinem Tempel sind solche Dinge erlaubt. Tatsächlich ist es manchmal ratsam, für die Dauer eines Räucherstäbchens Geh-Zen zu betreiben und während eines weiteren Sitz-Zen. Schließlich ist das etwas Natürliches, man kann nicht den ganzen Tag schlafen, also steht man auf – man kann nicht den ganzen Tag reden, also macht man Sitz-Zen. Hier gibt es keine verbindlichen Regeln.

Den Stock aufgeben

Bankei war der *roshi* von Hosen-ji, und er hörte auf, den *kaisaku*-Stock zu gebrauchen, um die Mönche zu schlagen, wenn sie nicht meditierten oder während der Meditation schliefen. Er sagte: „Sogar ein schlafender Mensch ist immer noch ein Buddha, und man sollte nicht respektlos sein." Er strebte ein Zen ohne Methode an: Man kann meditieren, wenn man will. Aber das ist so, als ob man einen Backstein polierte, um einen Spiegel daraus zu machen. Er pflegte zu sagen, dass der Versuch, den Geist zu reinigen, so wäre, als ob man Blut mit Blut abwaschen wollte. Aber Bankei-Zen war illusorisch. Hakuin hatte acht Nachfolger, Bankei hatte keinen. Für einige war dies das Bewundernswerteste an ihm.

9. Die Schranke ohne Tor

Zen-Witze

Für den Durchschnittsmenschen, der vermutlich nicht mit den großen Schriften Asiens vertraut ist, ist *Die Schranke ohne Tor* ein außerordentlich schwieriges Buch – trotz der Tatsache, dass es sehr einfach geschrieben ist. Im Chinesischen ist der Titel des Buches *Wu-men-kuan* (auf japanisch *Mumonkan*), wörtlich übersetzt „Kein-Tor-Schranke". So mag man es *Torlose Schranke* nennen. Dieses Buch repräsentiert eine außerordentlich wichtige Schule des Buddhismus, die in Japan als *Zen* und in China als *Ch'an* bekannt ist. In der Geschichte der fernöstlichen Kultur übte die buddhistische Zen-Schule einen sehr starken Einfluss aus. Sie spielte eine wichtige Rolle in der Herausformung vieler Künste, von der Malerei und Kalligraphie bis zum Jiu-Jitsu. Auch in der Landschafts- und Hausarchitektur, der Töpferei, dem Bogenschießen, dem Fechten, in allen Arten kulinarischer Künste und im Alltag selbst ist der Einfluss des Zen deutlich.

Weil das Zen einen so bestimmenden Einfluss in Japan und China ausübte, müssen wir es als eines der wichtigsten Systeme asiatischer Philosophie verstehen. Allerdings steht der Anfänger bei der Betrachtung der Zen-Literatur vor einem sehr merkwürdigen Problem: Der Hauptteil dieser Literatur besteht aus Anekdoten, Geschichten, die streng genommen *mondo* heißen, oder kurzen Dialogen mit Fragen und Antworten. Diese Geschichten sind in gewisser Weise wie Witze, denn ein Witz erscheint einem nur als lustig, wenn man sofort die Pointe versteht und lacht. Wenn man eine Zeichnung machen und erklären muss, warum der Witz lustig ist, ist er danebengegangen. Dasselbe gilt für diese Geschichten. Sie haben eine Bedeutung, aber diese Bedeutung ist nicht symbolischer Art. Um sie zu interpretieren, muss man nicht in ein subtiles, dunkles System von Symbolen eingeweiht sein.

Das Interessanteste an diesen Geschichten ist, dass der Punkt, den sie vermitteln, so klar zu Tage liegt, dass er schwer zu sehen ist. Je mehr es mir also gelingt, Ihnen eine scheinbar überzeugende, befriedigende Erklärung zu geben, desto mehr führe ich Sie an der Nase herum.

Warum ist das so? Nun, genau aus dem gleichen Grund, warum ich meine Witze nicht kaputterklären möchte. Wenn ich eine Zeichnung für einen Witz anfertige, bringe ich Sie um das Lachen. Sie werden über diesen Witz niemals aus voller Kehle lachen; höchstens werden Sie ein höfliches Lächeln dafür aufbringen. Aber wenn ich mich weigere, die Pointe eines Witzes zu erklären, kann es sein, dass Ihnen die Pointe etwas später plötzlich klar wird, und *dann* können sie darüber lachen.

Der Sinn dieser Geschichten ist nicht so sehr, einen zum Lachen zu bringen, als einen bestimmten Geisteszustand herbeizuführen. Dieser ist in gewisser Weise dem Lachen ähnlich, da er ein lebhaftes Gefühl ausdrückt. Es geht nicht darum, nur die Worte zu verstehen. In der Fachsprache des Zen-Buddhismus wird dieses lebhafte Gefühl *satori* genannt. Satori ist wörtlich ein „plötzliches Erwachen". Ich möchte nicht versuchen, die Bedeutung genauer zu definieren – außer durch die Vermittlung der Geschichten selbst und einiger Kommentare dazu. Aber „Erwachen" ist das Ziel aller buddhistischen Bemühungen. Es ist wie eine Art von Psychotherapie, die bei ganz normalen Menschen – die von den Buddhisten als Schlafende angesehen werden – eine Bewusstseinstransformation, ein Erwachen auslöst. Man könnte sagen, dass ein Mensch in diesem Zustand die Realität so klar wahrnimmt, dass er niemals mehr durch die Illusionen des Lebens getäuscht werden kann.

Nichts zu sagen

Ich denke, dass ich, bevor ich mich den eigentlichen Geschichten des *Wu-men-kuan* zuwende, Ihnen eine kleine Einleitung in das Zen selbst geben sollte, denn in der Geschichte der Philosophien und Religionen ist Zen ein außergewöhnliches Phänomen. Der Grund dafür, dass Zen etwas so Besonderes ist, liegt darin, dass es keine Lehren hat, die in Worten ausgedrückt werden könnten – nichts, an das man glauben müsste. Tatsächlich hat es eigentlich gar nichts zu sagen. Zen ist bemerkenswert durch den Versuch, seine Botschaft – die Erkenntnis, die das Erwachen im Buddhismus ausmacht – ohne das Medium von Worten oder Ideen zu übermitteln.

Es gibt ein Konzept, auf das ich mich ganz besonders konzentrieren möchte, denn es hilft, den Charakter des Zen-Buddhismus zusammenzufassen: „Direktes Deuten" ist die Technik, durch die Zen sich auszeichnet. Zen fühlt, dass alles, was die Menschen suchen, alles, was sie im Grunde des Herzens wünschen – sei es völlige Zufriedenheit oder das Verstehen, warum das Universum existiert und welchen Platz wir darin einnehmen –, nichts Dunkles und Fernliegendes ist, sondern etwas ganz und gar Offensichtliches. Es liegt offen da für uns und alle, die sich die Mühe machen, es in genau diesem Moment, in dem wir leben, anzuschauen. Zen macht ganz deutlich, dass das ganze Geheimnis des Lebens, alles, was man sich nur wünschen kann, in diesem Moment dir gehört. Und wenn du es jetzt nicht aufnehmen kannst, dann wirst du es nie können.

Es ist schwer, Menschen durch Sprechen oder Schreiben davon zu überzeugen, denn alles Sprechen und alle Ideensysteme (seien sie niedergeschrieben oder nicht) sind im Verhältnis zur Realität in etwa das Gleiche, was eine Speisekarte im Verhältnis zum Essen ist. Wer versucht, die Weisheit aus den Büchern zu gewinnen, oder Trost in verschiedenen Ideensystemen oder Philosophien findet, verschlingt tatsächlich die Speisekarte, statt das Essen zu genießen. Wie also kann man die Aufmerksamkeit von der Speisekarte aufs Essen bringen? Es gibt nur einen Weg: aufhören, darüber zu reden, und direkt darauf zeigen. Genau das wird im Zen getan, und die meisten Geschichten aus dem *Wu-men-kuan* sind Beispiele für das direkte Zeigen.

Bodhidharma und Hui-k'o

Das *Wu-men-kuan* wurde von einem Zen-Meister zusammengestellt, der zwischen 1183 und 1260 n. Chr. lebte. Die erste Geschichte, die ich daraus erzählen möchte, ist die Geschichte der Begegnung zwischen Bodhidharma und seinem ersten Schüler, Hui-k'o (im Japanischen Eka). Bodhidharma saß mit dem Gesicht zur Wand. Sein erster Nachfolger, Hui-k'o, stand draußen im Schnee.

Ich sollte zuerst erklären, dass Bodhidharma Hui-k'o mit Nachdruck entmutigt hatte, sein Schüler zu werden. Das ist, wie wir schon gesehen haben, im Fernen Osten bei philosophischen und spirituellen Lehrern üblich: Sie suchen nicht nach Schülern. Dass Bodhidharma nicht nach Schülern suchte, lag an seinem Gefühl, nichts zu lehren zu haben. Die Wahrheit des Buddhismus war so offensichtlich, dass jeder sie sehen konnte, wenn er nur hinschaute. Darüber zu reden und zu versuchen, es zu lehren, hieß – wie man im Zen sagt – einer Schlange Beine anzuhängen. Die Schlange bewegt sich sehr gut ohne Beine, und wenn man ihr welche anhängt, bringt es sie nur in Verlegenheit.

Also hatte Bodhidharma Hui-k'o wiederholt gesagt: „Ich habe nichts zu lehren. Geh weg!" Aber Hui-k'o war überzeugt, dass Bodhidharma irgendein Geheimnis besaß, das er vermitteln konnte. So schnitt sich der Schüler schließlich als Zeichen seiner Ernsthaftigkeit einen Arm ab, während er draußen im eisigen Schnee vor der Hütte des Lehrers stand. Während er seinem Lehrer den Arm zeigte, sagte er: „Mein Geist hat keine Ruhe. Meister, beruhige meinen Geist."

Und Bodhidharma sagte: „Wenn du mir deinen Geist bringst, werde ich ihn dir beruhigen."

Hui-k'o antwortete: „Wenn ich nach meinem Geist suche, kann ich ihn nicht fassen."

Bodhidharma sagte: „Dann ist dein Geist bereits beruhigt."

Es wird berichtet, dass Hui-k'o in diesem Moment eine plötzliche Einsicht in das ganze Mysterium des Lebens, das Problem der Gemütsruhe und die grundlegende Wahrheit des Buddhismus selbst bekam.

Zu jeder dieser Geschichten fügte der Herausgeber der *Torlosen Schranke* einen Kommentar und ein Gedicht hinzu. Ich werde Ihnen zuerst den Kommentar und dann das Gedicht vorlesen.

Dieser zahnlose, alte Hindu Bodhidharma kam Tausende von Meilen über das Meer von Indien nach China, als ob er etwas Wundervolles hätte. Er erzeugte Wellen ohne Wind. Nachdem er Jahre in China geblieben war, hatte er nur einen Schüler, und dieser hatte seinen Arm verloren und war verkrüppelt. Oh weh, seit dieser Zeit hatte er nur Schüler ohne Verstand.

Und das Gedicht:

Warum kam Bodhidharma nach China?
Jahrelang diskutierten die Mönche darüber.
Alle Probleme, die seitdem folgten, gehen auf Lehrer und Schüler zurück.

Es ist eine charakteristische Konvention in der Zen-Literatur, dass die Meister dieser Schule sich übereinander lustig machen. Denn insofern sie Meister zu sein scheinen, erkennen sie, dass es eine Art Witz ist, sich „Meister" zu nennen. Schließlich ist ein Meister jemand, der etwas zu lehren hat. Und im Zen gibt es nichts zu lehren. Je mehr man versucht, Zen zu erklären, desto obskurer wird es – gerade so, wie ein Witz umso weniger witzig wird, je mehr man ihn zu erklären versucht. Um zu der Geschichte von Bodhidharma und Hui-k'o zurückzukehren: Hui-k'o drückt ein sehr menschliches Problem aus. Er sagt: „Mein Geist hat keine Ruhe." Was meint er mit „Geist"? Wir könnten „Seele" sagen, „Ego" oder „Selbst".

„Ich fühle, dass ich unglücklich bin, ich brauche Frieden", sagt Hui-k'o. Und so sagt Bodhidharma sehr nüchtern: „Hole diese Seele, deinen Geist hervor, und ich werde ihn beruhigen." Aber Hui-k'o sagt: „Wenn ich versuche, mich selbst zu finden, kann ich es nicht. Ich suche und suche, und dann bemerke ich, dass ich nach dem suche, der sucht, und ich kann ihn nie zu fassen bekommen."

Bodhidharma sagt ihm: „Dann ist dein Geist bereits beruhigt."

Sich selbst finden

Ich möchte mich wirklich zurückhalten, eine solche Geschichte zu kommentieren. Aber im Sinne eines Fingerzeigs kann ich sagen: Wir alle sind überzeugt, dass wir als eine Art Ego oder Selbst existieren, und unsere *Selbst*-Bezogenheit ist eines unserer größten Probleme.

Es wäre faszinierend, auf der Suche nach sich selbst festzustellen, dass wir gar nicht wirklich da sind, nicht wahr? Es wäre so, als ob wir dort, wo wir erwarteten, uns selbst zu finden, im Zentrum aller unserer Erfahrungen, nur ein Loch, eine große Leere fänden. Das Problem unseres Selbst, unseres Glücks, unserer Gemütsruhe wäre verschwunden. Es gab da gar nicht diesen „Einen", den man beruhigen oder zufrieden stellen musste; dieser Eine war tatsächlich gar nicht da.

Natürlich kann man das nicht herausfinden, indem man nur davon hört. Man muss es suchen und sehen. Das ist der Grund, warum eine der fundamentalen Fragen in allen östlichen Philosophien die einfache Frage ist: „Wer bist du?" Versuche herauszufinden, wer versucht herauszufinden, wer das ist, der versucht, es herauszufinden. Dies ist schließlich eine Parabel über das, was wir „Selbstsuche" oder auch „Selbstsucht" nennen können. Es ist so vergebens wie das, was jemand tut, der feierlich in einem Sessel sitzt, immerzu mit den Zähnen knirscht und versucht, seine eigenen Zähne zu zerbeißen.

Realität: Der Buddha

Hier ist eine andere Geschichte aus dem *Wu-men-kuan*: Einst gab es einen Lehrer, der hieß Tung-shan (Tosan). Eines Tages, als er gerade dabei war, Flachs zu spinnen, kam ein Schüler zu ihm und sagte: „Was ist Buddha?" (Diese Frage kann heißen: „Was ist Realität?" oder „Was bedeutet Erwachen?")

Tung-shan antwortete: „Dieser Flachs wiegt drei Pfund." Nun werde ich Ihnen den Kommentar vorlesen:

Bei Tung-shan ist Zen wie eine Muschel. In dem Moment, wenn die Schale sich öffnet, sieht man das ganze Innere.

Und dann das Gedicht:

Drei Pfund Flachs vor deiner Nase.
Deutlich genug, jedoch mehr noch der Geist.
Wer von Zustimmung und Ablehnung spricht, lebt in der Region des Richtig und Falsch.

Man darf nicht denken, dass in der Aussage „Dieser Flachs wiegt drei Pfund" irgendeine versteckte symbolische Aussage liegt. Manche Kommentatoren haben versucht zu erklären, dass es im Buddhismus drei wertvolle Juwelen gibt: Buddha selbst, *dharma*, seine Lehre, und *sangha*, seine Anhängerschaft. Aber die drei Pfund Flachs beziehen sich nicht auf die drei Juwelen. Tung-shan antwortete: „Dieser Flachs wiegt drei Pfund", gerade so, wie man eine einfache Frage wie „Wohin gehst du?" beantwortet. Man könnte sagen: „Ach, ich gehe in die Stadt, um Einkäufe zu erledigen." Oder auf die Frage „Wie war der Tag gestern dort, wo du wohnst?" kann man antworten: „Einen großen Teil der Zeit hat es geregnet." „Dieser Flachs wiegt drei Pfund" ist genau so eine Antwort. Aber es scheint eine seltsame Antwort zu sein auf die Frage „Was ist die Realität?"

Zen lehrt, dass diese Tradition, Fragen auf eine direkte, einfache Weise zu beantworten, auf den Buddha selbst zurückgeht.

Mahakashyapa

Einmal, als der Buddha in den Bergen eine Unterweisung gab, hielt er seinen Zuhörern eine Blume hin und drehte sie zwischen den Fingern. Alle waren still. Nur Mahakashyapa lächelte bei dieser Offenbarung, obwohl er versuchte, seinen Gesichtsausdruck zu kontrollieren. Der Buddha sagte: „Ich habe das Auge des wahren Lehrens. Das Herz des Nirvana, des Erwachens, die wahre Erscheinung des Formlosen und die unaussprechbare Kraft der Lehre – es wird nicht durch Worte ausgedrückt, sondern jenseits des Lehrens vermittelt. Diese Lehre gebe ich nun Mahakashyapa." Der amüsante Kommentar des *Wu-men-kuan*:

Der goldgesichtige Buddha dachte, dass er jeden täuschen könnte. Er gab das Niedrige als etwas Besseres aus und pries Hundefleisch als Schaffleisch an. Und er selbst dachte, es sei wundervoll. Was wäre gewesen, wenn das ganze Publikum gelacht hätte? Wie hätte er die Lehre vermitteln können? Wenn Mahakashyapa nicht gelächelt hätte, wie hätte er die Lehre vermitteln können? Wenn [Buddha] gesagt hätte, dass wahre Einsicht vermittelt werden könne, dann würde er sich wie der Großstadtsnob verhalten, der betrügt. Und wenn er sagte, dass sie nicht vermittelt werden könne, warum stimmte er dann Mahakashyapa zu?

Und dann das Gedicht:

Beim Drehen der Blume wurde das Verborgene offenbar. Niemand in Himmel und auf Erden kann Mahakashyapas Gesichtsfalten übertreffen.

Alle diese Schüler waren um den Buddha versammelt und erwarteten seine üblichen Worte der Weisheit. Stattdessen sagte er nichts. Er pflückte nur eine Blume und hielt sie in der Hand. Das ist dieselbe Art von Antwort, die Tung-shan gab, als er gefragt wurde: „Was ist die Realität?" Er sagte einfach nur: „Dieser Flachs wiegt drei Pfund." Eine gewöhnliche Aussage, genau wie das Pflücken einer Blume eine gewöhnliche Tätigkeit ist.

Chü-chihs Finger

Als die Zen-Lehrer anfingen, Fragen über die Realität in dieser Weise zu beantworten, hatten sie ihre Nachahmer – jene, die glaubten, eine neue religiöse Moderichtung finden zu müssen, die herumgingen und diese geistigen Kapriolen imitierten, um weise zu erscheinen und Anhänger zu sammeln. Hier ist das, was einem passierte, der so etwas versuchte:

Chü-chih (im Japanischen Gutei) erhob immer seinen Zeigefinger, wenn er eine Frage über den Menschen gestellt bekam. Ein Lehrling fing an, ihn darin zu imitieren. Wenn irgendeiner den Jungen fragte, was sein Meister gepredigt hatte, erhob der Junge den Zeigefinger. Chü-chih erfuhr von dem Unfug, den der Junge trieb. Er ergriff ihn und fragte: „Was ist das fundamentale Prinzip des Buddhismus?" Der Junge erhob seinen Zeigefinger – da schnitt der Meister den Finger ab. Der Junge weinte und versuchte wegzurennen, aber Chü-chih hielt ihn fest. Als der Junge seinen Kopf zu Chü-chih umwandte, erhob dieser seinen eigenen Zeigefinger. In diesem Moment wurde der Junge erleuchtet.

Als Chü-chih kurz davor stand, diese Welt zu verlassen, versammelte er seine Mönche um sich. Er sagte: „Ich erlangte mein Finger-Zen von meinem Lehrer T'ien-lung [Tenryu]. Und in meinem ganzen Leben konnte ich es nicht erschöpfen." Dann starb er.

Liegt also das Geheimnis darin, Fragen mit merkwürdigen Kapriolen zu beantworten? Der Junge, der nicht wirklich verstand, aber das Verständnis des Meisters imitierte, geriet in sehr ernsthafte Schwierigkeiten. (Trotz der Schwierigkeiten verstand der Junge die Sache zum Schluss.)

Der umgekippte Wasserkrug

Hier ist eine Geschichte, bei dem dieser Punkt vielleicht ein wenig klarer wird. Sie heißt „Die Geschichte vom umgekippten Wasserkrug".

Yakujo wünschte, einen jungen Mönch auszusenden, um ein neues Kloster zu eröffnen. Er erzählte seinen Schülern, dass derjenige, der eine Frage am besten beantworten könne, zum Abt ernannt werden sollte. Indem er einen Wasserkrug auf den Boden stellte, fragte er: „Wer kann sagen, was das ist, ohne den Namen auszusprechen?" Der Seniormönch sagte: „Niemand kann es einen Holzschuh nennen." Aber Isan, der Koch, kippte den Krug um und ging hinaus. Yakujo lächelte und sagte: „Der Seniormönch verliert", und Isan wurde der Abt des neuen Klosters.

Das *Wu-men-kuan* kommentiert:

Isan war mutig genug, aber er konnte Yakujos Trick nicht entgehen. Schließlich gab er eine leichte Arbeit auf und nahm eine schwierige an. Warum seht ihr nicht, dass er seinen bequemen Hut absetzte und sich in ein eisernes Joch begab?

Wenn ich die ganze Zeit rede und niemals zuhöre, was die anderen zu sagen haben, verliere ich den Bezug zu meinen Mitmenschen. Ebenso verliere ich, wenn ich die ganze Zeit nachdenke – was in gewisser Weise heißt, mit mir selbst zu reden –, den Bezug zur Realität, welche die Worte ausdrücken sollen. Die fundamentale Einsicht des Zen ist, dass die Menschen durch übermäßiges Denken den Bezug zur realen Welt verloren haben. Die Lösung dieses Problems ist: im eigenen Denken ruhig zu sein und wieder die wahre Welt anzusehen, nicht durch Denken, sondern durch direktes Schauen. Darüber kann man nicht sprechen. Wenn ich will, dass du Musik hörst, wird jeder Ratschlag zu diesem Thema die Musik übertönen. Vielmehr sollte ich den direktesten Weg wählen und dir die Musik selbst vorspielen.

Der Mönch hatte gesehen, dass die Realität des Wasserkrugs nicht in dem Wort oder der Idee des Krugs lag, sondern etwas Nonverbales war. Indem er ihn umstieß, demonstrierte er dieses Verständnis.

Dies ist tatsächlich ein zentraler Punkt im Verständnis des Zen oder des Buddhismus im Allgemeinen: Die Realität liegt jenseits der Worte. Man darf die Welt der Dinge, so wie wir darüber denken, reden und sie benennen, nicht mit der Welt, wie sie wirklich ist, verwechseln. Die erste Geschichte, die ich erzählt habe, war eine Illustration dieses Punktes, denn in der Welt der Worte, Wahrnehmungen und überkommenen sozialen Vorstellungen ist jeder überzeugt, dass er ein „Selbst" besitzt. Aber wenn wir aus dieser Welt heraustreten und die Realität mit offenen Augen im klaren Tageslicht betrachten und uns selbst suchen – was finden wir dann?

Das Symbol ohne Bedeutung

Während der letzten Monate habe ich einen außergewöhnlichen Aufsatz studiert. Er stammt von Joseph Campbell, der Ihnen vielleicht als Autor des Buches über Mythologie *Der Heros in tausend Gestalten* bekannt ist. Campbells Vortrag hieß „The Symbol Without Meaning" („Das Symbol ohne Bedeutung"). Er befasst sich mit einem außergewöhnlichen Phänomen in der Geschichte der Religionen. Man könnte dieses Phänomen „Zurück zum Anfang" nennen: die Entwicklung und Desillusionierung der Kosmologien. Darin wird deutlich, dass in den großen Weltentwürfen, wie zahlreiche Kulturen sie ersonnen haben, Weisen angelegt sind, wie über das Universum gesprochen werden kann.

Campbell unterscheidet zwei große Phasen in der Religionsgeschichte, die er mit zwei Kulturformen gleichsetzt, die unserer eigenen technologischen vorangegangen sind: die Jägerkultur und die sesshafte Kultur der Ackerbauern. Campbell zeigt auf, dass die für Jägerkulturen charakteristische Religionsform das ist, was wir heute „Schamanismus" nennen, obwohl dieses spezielle Wort eigentlich nur für die (so genannte „primitive") mongolische Religion zutrifft. Dennoch kann man das als „Schamanismus" bekannte Phänomen auf dem ganzen Planeten finden. Schamanismus wird durch die Tatsache charakterisiert, dass es eine sehr individuelle Art von Religiosität ist. Das heißt, dass die religiöse Erfahrung eines Schamanen nichts ist, was er von einer autorisierten Priesterschaft erhält. Es ist nichts, was von Generation zu Generation weitergegeben oder von Menschen gelehrt wird. Der Schamane ist ein einzelgängerischer „Medizinmann", ein Mann, der Kraft besitzt, der seine Erfahrungen unabdingbar selbst machen muss. Normalerweise bedeutet das, sich alleine den Gefahren der Natur, des Waldes oder Dschungels auszusetzen oder sich für mehrere Tage in seiner eigenen Hütte zu verkriechen, um eine Art Prüfung zu absolvieren – nicht so sehr auf der physischen als auf der psychischen Ebene. Der Schamane durchläuft ein Abenteuer in der psychischen Welt, der Welt der Geister. Und wenn er die Prüfung besteht, geht er mit neu gewonnener Kraft daraus hervor.

Der individualistische Charakter dieser Erfahrung ist wichtig, denn er entspricht dem Stil der Jägerkultur, in der jedes Individuum die ganze Kultur darstellt. Spezialisierte Funktionen und Arbeitsteilung werden in Jägerkulturen kaum gebraucht. Der Jäger verbringt viel Zeit alleine, und er muss lernen, in der Wildnis alleine zurechtzukommen, ohne sich auf die Hilfe anderer zu verlassen. Zwar gibt es in diesen Kulturen eine Gesellschaft und soziale Gruppen, doch sie sind um die biologischen Familien zentriert. Es sind Individuen und Gruppen, die durch das Leben, das sie führen, gleichgestellt sind.

Eine vollkommen andere Lage ergibt sich in einer sesshaften Agrarkultur. Da der Lebensstil komplexer ist, wird Arbeitsteilung nötig. Man kann nicht nur eine Aufteilung der Menschen in verschiedene Kasten und Rollen beobachten, sondern auch die Entwicklung einer komplexeren Sprache und von Institutionen mit dem Zweck, eine Kommunikation zwischen den Kasten herzustellen. Dies bringt immer eine sehr, sehr mächtige Sozialisation des Einzelnen mit sich, der mehr und mehr Zeit an einem festen Ort verbringt, wo er daher in stärkerem Maße Umgang mit anderen Personen hat. Er muss lernen, in Übereinstimmung mit bestimmten Mustern zu denken; diese basieren auf solchen Dingen wie Sprache, der Art der verrichteten Arbeit oder den geographischen Merkmalen der Gegend, in der er lebt. Jedes Individuum muss sich immer mehr der sozial aufoktroyierten Sichtweise des Lebens unterordnen, denn nur unter diesen Bedingungen ist eine Kommunikation zwischen Individuen möglich. Und so entspricht dem sesshaften Stil der Religiosität – anders als in der Jägerkultur – eine traditionell und autoritativ verankerte Religion. Der Einzelne bekommt seine Erfahrung durch die Tradition vermittelt, die normalerweise von der Priesterschaft verkörpert wird.

Weiterhin zeigt Campbell auf, dass das historisch früheste Auftreten des bekannten Kreissymbols – im Sanskrit *Mandala* – mit Agrarkulturen einhergeht. Es gibt keine archäologischen Funde eines solchen Symbols, die aus einer Zeit vor der Entstehung der Agrarkulturen stammten.

Das Mandala

Wir könnten hier etwas über das Mandala als weltumgreifendes mythologisches Symbol sagen, obwohl jeder, der sich mit dem Werk C. G. Jungs beschäftigt hat, damit vertraut sein wird. Ein Mandala ist im Wesentlichen ein Kreis, der normalerweise in vier Viertel oder ein Vielfaches von vier unterteilt ist. Man kann es als Symbol für die Integration einer Gemeinschaft verstehen – nicht unähnlich einem umzäunten Dorf, das einen Verteidigungsring um das Zentrum besitzt. Campbell zeigt, dass es die Formation einer Gesellschaft repräsentiert, in der die menschlichen Aufgaben geteilt sind. In vielen dieser alten Kulturen sehen wir, dass die grundlegenden sozialen Klassen oder Aufgaben in vier Gruppen unterteilt sind. In der Gesellschaft des mittelalterlichen Europa haben wir zum Beispiel die spirituelle Macht, die Priesterschaft; die weltliche Macht, den Adel; das Volk, bestehend aus freien Bauern und Handwerkern; und die Leibeigenen.

In der alt-indischen Gesellschaft haben wir ebenso die *brahman*-Kaste, die Priesterschaft; die *kshatriya*-Kaste, die Krieger; die *vaishya*-Kaste, die Bauern und Händler; und die *shudra*-Kaste, die Arbeiter. Diese vier Kasten werden – als integrierte, „eingekreiste" Gemeinschaft – durch die vier Teile des Mandalas dargestellt. Campbell betont, dass die Religiosität hier eine gemeinschaftliche Erfahrung war, die durch Tradition weitergegeben wurde – durch eine Autorität, die priesterliche Kaste. Es musste eine gemeinschaftliche Erfahrung sein; ein Gemeinschaftsleben dieser Art beruht auf Kommunikation. Diese Kommunikation ist nicht nur durch die Verwendung einer gemeinsamen Sprache möglich, sondern – wichtiger – dadurch, dass wir eine gemeinsame Weltsicht und Wahrnehmung teilen. Diejenigen, die Wahrnehmungserfahrungen haben, die wir Halluzinationen oder Visionen nennen, lassen sich nicht leicht in eine Gemeinschaft einpassen.

Campbells Aufsatz zeigt, dass die sozialen Kosmologien – Weltsichten, die von einer Gesellschaft geteilt werden – leicht auseinander brechen können. Zum Beispiel begann die Expansion der westlichen Welt im 15. Jahrhundert – bedingt durch die Erforschung des Erdballs und ein größeres Wissen im Bereich der Astronomie – die geozentrische Weltsicht des ptolemäischen Universums (der Weltsicht, unter der das Christentum geboren wurde) zu zerstören. Campbell versteht dies als Zerbrechen des Mandalas, die Auflösung des bislang gemeinsamen und stabilen Weltbildes, das den Menschen als Basis der Kommunikation gedient hatte. Dieses Auseinanderbrechen zerstört also unsere Kommunikationsformen und wirft die Gesellschaft in einen Zustand der Konfusion.

Vielleicht ist es gerade *weil* unsere gemeinsame Weltsicht auseinander bricht und weil sich viele von uns durch den Relativismus, der für das moderne Denken bezeichnend ist, verwirrt fühlen, dass viele westliche Menschen angefangen haben, sich für andere Kulturen zu interessieren – für die Versuche der Kulturen, mit dem Leben umzugehen, wenn unser Mandala auseinander bricht.

Denn die Idee, das gemeinsame Weltbild aufzugeben und zu versuchen, aus einer anderen Perspektive damit umzugehen, ist nicht neu. In der alt-indischen Gesellschaft – und in gewissem Ausmaß auch im modernen Indien – kann ein Mensch die Gesellschaft verlassen. Ein Mann, der seine Arbeit in der Welt verrichtet hat und in der Lage ist, die Pflichten seiner Kaste an seine Kinder weiterzugeben (seien sie religiöser, politischer oder beruflicher Art), lässt die normale Welt hinter sich und wird das, was gemeinhin *sannyasin* – „heiliger Mann", „Einsiedler" oder „spirituell Suchender" – genannt wird.

Das Verlassen der Kaste heißt in einen Zustand des *vanaprashta* einzutreten. Im Sanskrit bedeutet *vanaprashta* „Walderemit". So geht ein Mann, der seine Kaste aufgibt, zurück zu einem Lebensstil, der der sesshaften Kultur vorausging. Er geht „zurück" zum Schamanismus. Und das gilt nicht nur für die indische, sondern auch für die chinesische Kultur. Der konfuzianische Lebensstil repräsentiert ebenfalls die Gesellschaft – das Mandala – die eingezäunte, liebe, kleine Welt, in der wir das Gefühl haben, dass wir uns untereinander und dass wir die Umwelt verstehen.

In China entspricht die taoistische Philosophie der indischen Suche nach Befreiung (im Sanskrit *moksha*) von der sozial konditionierten Weltsicht. Ethnologisch lässt sich eine Verbindung zwischen dem solitären taoistischen Weisen und dem Schamanen aufzeigen. Und es ist möglich, dass die Wörter *shamana* im Sanskrit und *shamen* im Chinesischen mit dem Begriff des „Schamanen" verwandt sind.

Shamana entspricht dem *sannyasin*, dem Menschen, der das soziale Leben in der Welt aufgegeben hat. Ähnlich ist der chinesische *shamen* der einsame Weise auf der Suche nach Unsterblichkeit, der alleine in die Berge und Wälder gegangen ist. Natürlich sollten wir nicht annehmen, dass der Eintritt ins *vanaprashta* oder die Rückkehr des taoistischen Weisen in die Einsamkeit im strengen Sinne des Wortes eine Rückkehr ist. Es ist nur insofern eine Rückkehr, wie wir sagen, dass der Weise wieder Kind geworden ist. Wir meinen nicht, dass er – im wörtlichen Sinne – kindlich geworden ist, dass er vergessen hat, wie man denkt, redet und sich in der menschlichen Gesellschaft benimmt. Der Mensch, der in den Zustand des *vanaprashta* eintritt, wird kein Wolfs-Mensch, eine Art Wilder, der nackt im Wald herumrennt und seine Nahrung mit den Zähnen vom Boden aufnimmt. Er tut nichts dieser Art. Aber es gibt eine gewisse Analogie zwischen der „Rückkehr zur schamanistischen Religion" und der „Rückkehr zum Leben des Jägers" – die Abkehr von einer Gesellschaft, deren Weltsicht aus konditionierten sozialen Mustern besteht.

Doch in welcher Weise ist dies eine Abkehr von der Gesellschaft, und wie ist es auf unsere eigene Situation anzuwenden, da wir nicht freiwillig von einer klaren, autoritativen und bequemen Weltsicht abweichen? Vielmehr zwingt uns der Druck der Ereignisse zu einem Loslassen – durch die Unsicherheit unserer Zeiten und die Instabilität des modernen Denkens, das uns kein sicheres, bequemes Bild des Universums anbietet.

Zeitbindung

Zuerst einmal ist eines der prinzipiellen Charakteristika eines Kommunikationssystems, dass die Kommunikation eine Art „Zeitbindung" darstellt, wie Alfred Korzybski es nannte. Denken und Sprache beinhalten eine Kodierung von Erfahrung, ein Denken über das Leben, das hauptsächlich aus Beschreibung besteht. Beschreibung ist eine Art der Kodierung, ein symbolischer Ausdruck der Ereignisse, die uns widerfahren. Während wir lernen, Ereignisse in Symbolen auszudrücken, entwickeln wir besondere Fähigkeiten der Erinnerung. Die Erinnerung und Formalisierung dessen, was uns geschehen ist, wird viel einfacher. Zeitgleich damit entwickelt sich natürlicherweise die Fähigkeit, unsere Erinnerung auf ein Denken über zukünftiges Geschehen zu projizieren. Offensichtlich ist das etwas, wozu der primitivste Mensch in der Lage ist – im Gegensatz zu Tieren, die dies nur in sehr eingeschränktem Maße können.

Aber diese Fähigkeit, zu beschreiben und vorauszusehen, was uns geschehen wird, hat einen Preis: Sie hat einen alarmierenden Effekt auf unsere Emotionen. Durch diese Fähigkeit, über alle Arten von Möglichkeiten nachzudenken, sind wir in der Lage, die Emotionen zu erleben, die mit diesen zukünftigen Möglichkeiten einhergehen, als ob es sich um momentane Ereignisse handelte.

Der zivilisierte Mensch neigt dazu, in einem Zustand chronischer Angst und Sorge zu leben, denn er ist nicht nur ständig mit dem einfachen Geschehen dessen, was gerade vor seinen Augen passiert, konfrontiert, sondern auch mit unzähligen Möglichkeiten, was passieren *könnte*. Und da sein emotionales Leben ein Zustand von chronischer Sorge und Angst ist, verliert er die Fähigkeit, zu der konkreten, momentanen Welt in Beziehung zu treten. Er ist innerlich so gehemmt, dass seine Wahrnehmungskanäle blockiert sind. Er entwickelt eine Art neurologischer Sklerose, eine Unfähigkeit, fröhlich loszulassen, spontan und lebendig zu sein.

Je zivilisierter wir werden, desto spießiger werden wir. Daher gewinnen die diversen Möglichkeiten, sich von der Gesellschaft zu befreien – in *vanaprashta* einzutreten, in den Wald zurückzugehen – an Gewicht, denn mehr Menschen erreichen einen Punkt im Leben, wo sie sagen: „Ich hab' genug von dem ganzen Kram."

In vielen vergangenen Kulturen hat sich eine kulturell eingebettete Möglichkeit entwickelt, in die schamanische Religiosität zurückzukehren, sich abzuwenden von der herkömmlichen Interpretation, wie man zu denken und zu fühlen hat. Das ist auch heute wieder aktuell.

Vielleicht ist es unmöglich – oder irreführend –, über diese Phase der spirituellen Erkundung eine autoritative Einstellung zu haben. Zum Beispiel gehen manche Menschen zum Psychiater, wenn sie wissen wollen, wer sie sind. Hin und wieder werden sie einen Psychiater finden, der keine autoritative Sicht der menschlichen Gesundheit hat, sondern einfach dem Individuum helfen will, seinen eigenen Weg zu finden. Häufig werden sie leider dogmatische Psychotherapeuten finden, die zu wissen glauben, was ein integrierter, gesunder, normaler Mensch ist, aber dafür ein spekulatives, theoretisches Muster der menschlichen Natur und Psyche verwenden. Diese Leute werden – bewusst oder unbewusst – versuchen, den Patienten dazu zu bringen, diese Sichtweise zu akzeptieren.

Ebenso hören wir Berichte von asiatischen Befreiungswegen, die in vielen Fällen zur Orthodoxie verhärtet sind. Solche Berichte stellen traditionelle spirituelle Erfahrungen so dar, als ob es Erfahrungen wären, die der Priester in seiner Funktion als sozialer Beamter zu verleihen hätte. Wenn wir also hören, wie hinduistische Mönche eine orthodoxe Interpretation von *moksha* wiedergeben oder Zen-Meister eine orthodoxe buddhistische Übungsweise vermitteln, sollten wir argwöhnisch sein, denn hier geht es um Erfahrungen, die nicht vermittelt werden können. Es liegt in der Natur der Sache, dass jeder diese Erfahrungen selbst machen muss. Wenn sie erklärt werden können, wenn sie vermittelt werden können, sind sie nicht das, was sie sein sollen.

Es liegt in der Natur dieser Befreiungserfahrungen, dass sie nicht kodiert oder in die soziale Kommunikation einbezogen werden können. Glücklicherweise haben wir im

Westen nicht zu viele autoritative Meister und Lehrer, zu denen wir gehen können, um die Erleuchtung zu suchen. Immer mehr Menschen fühlen, dass wir alle alleine im Dunkeln stehen und vor uns hin pfeifen, dass wir keinen Retter erwarten können. Kein Staatsmann ist klug genug, das beängstigende Gewirr der internationalen Verflechtungen zu verstehen oder viel daran zu ändern. Kein Psychologe, Physiker oder Philosoph kann uns damit beeindrucken, das letzte Wort über alles zu sprechen. Immer deutlicher werden wir alle auf unsere eigenen Ressourcen zurückgeworfen.

Was für ein exzellenter Stand der Dinge! Wir gehen – symbolisch gesprochen – zurück in den Urwald wie ein Jäger aus vergangenen Tagen, der niemanden um sich herum hat, der ihm erzählt, wie er sich fühlen oder wie er seine Sinne gebrauchen müsste: Wie der Jäger müssen wir es daher für uns selbst herausfinden. Wenn man die Berichte solcher Selbst-Entdeckungen liest, ist das Faszinierendste, dass es zwischen all denen, die es schon für sich selbst herausgefunden haben, ein weit reichendes Maß an Übereinkunft zu geben scheint. Allerdings beruht der eingeschlagene Weg der Suche auf keinerlei Übereinkunft mit anderen; es geht nicht darum zu finden, was andere herausgefunden haben. Die wahren Suchenden entdecken immer das, was ihre eigenen Sinne und ihre eigenen direkten Erfahrungen ihnen sagen, wenn sie in den „innersten Raum" hineingehen. Sie suchen nach einer direkten Begegnung mit der Welt, ohne noch aus dem Augenwinkel zu schielen, ob alle anderen das Gleiche machen oder ob sie die gleichen Resultate erzielen.

Es passiert bei dieser Forschungsreise, dass eine Person im wahrsten Sinne des Wortes ein „Selbst" wird, eine ursprüngliche, maßgebliche Quelle des Lebens – verschieden von der Person im wörtlichen Sinne: einer Maske, einer in der Gesellschaft gespielten Rolle.

10. Die Welt, so wie sie ist (IV)

Dem Zen zuhören

Zen ist immer sichtbar, und es ist viel leichter durch das Sehen als durch das Hören von Worten zu verstehen. Allerdings kann man Zen auch hören, wenn man dem Laut der Worte lauscht, statt darüber nachzudenken, was sie bedeuten sollen. Ein altes Gedicht illustriert diesen Punkt sehr gut, aber da es ein recht esoterisches Gedicht ist, benötigt es eine kleine Erläuterung. Vielleicht haben Sie schon einmal von einer Form des Buddhismus gehört, die als *Shin*-Sekte oder *Jodo-shin-shu*, „Die Wahre Schule vom Reinen Land", bekannt ist. *Jodo-shin-shu* gehört zur Tariki-Schule, die Erlösung durch die Kraft anderer lehrt, im Gegensatz zur Zen-Jiriki-Schule, die Befreiung durch eigene Anstrengung vertritt.

Es gab einmal einen Anhänger der Tariki-Schule, der Zen studierte. Er diskutierte mit seinem Lehrer die Idee der Tariki-Schule, der zufolge zur Erlösung nichts weiter nötig ist als die Namensanrufung des „Buddhas des Grenzenlosen Lichts". In Japan ist sein Name Amida, in Indien Amitabha. In Japan besteht die Anrufung in der Rezitation der Formel *Namu Amida butsu*. *Namu* ist der Name von *Amida butsu*, dem Amida-Buddha. Dies wird also *nembutsu* genannt (von *nem*: Gedanke oder Erinnern) – Denken an Buddha. In dieser Schule muss man also nichts weiter als einmal *Namu Amida butsu* sagen, und man wird wiedergeboren im Reinen Land, das vom Amida-Buddha regiert wird. Mit dieser Methode erleuchtet – ein Buddha – zu werden, ist ein Kinderspiel. Ansonsten ist jeder in dieser Welt in einem Teufelskreis gefangen und schafft sich so viel schlechtes Karma, dass es keinen Ausweg gibt. Nach dieser Lehre machen alle guten Taten und Meditationsübungen auf der Suche nach Erlösung die Sache nur noch schlimmer, denn sie vergrößern nur den eigenen spirituellen Stolz.

Im Zen kann man die Erleuchtung nicht durch Anstrengung erlangen. Es gibt ein Gedicht, das lautet:

Du kannst es nicht durch Ergreifen erlangen,
Du kannst es nicht durch Nicht-Ergreifen erlangen,
Du kannst es nicht durch Denken erlangen,
Du kannst es nicht durch Nicht-Denken erlangen.

Wie erlangt man dann also die Erleuchtung? Man muss herausfinden, dass es keinen Weg der Erleuchtung gibt. Und das ist es, was die *nembutsu*-Technik auch tut. Dieser Tariki-Mönch studierte also mit seinem Meister Zen, und er schrieb ein Gedicht, um sein Verständnis auszudrücken. Das Gedicht hieß:

Wenn das nembutsu *gesagt wird*
ist dort weder Buddha noch man selbst
Namu Amida Butsu
Nur die Laute sind zu hören

Aber der Zen-Lehrer war damit nicht einverstanden. Er korrigierte das Gedicht so:

Wenn das nembutsu *gesagt wird*
ist dort weder Buddha noch man selbst
Namu Amida Butsu
Namu Amida Butsu

Er fügte eine Zeile zu viel ein. Aber sehen Sie, man kann es durch die Laute erlangen, und man kann es durch das Sehen erlangen. Aber solange wir bis zum Umfallen *darüber* reden, werden wir es nie erlangen, denn wir hören die

Stimme, die auf etwas außerhalb hindeutet, wir hören nicht wirklich die Laute. Wir schaffen es nicht, uns jenseits der Welt der Konzepte und Ideen aufzuhalten. Allerdings muss man auch hier aufpassen. Als der Meister Joshu gefragt wurde: „Was sagst du zu jemandem, der mit nichts zu dir kommt?", antwortete er: „Wirf es weg."

Aus diesem Grund hat sich Zen in einem hohen Maß durch die Künste ausgedrückt. Insbesondere die Teezeremonie nimmt einen zentralen Platz im Zen ein, denn sie ist wie die Oper – in dem Sinne, dass die Oper verschiedene Künste wie Musik, Theater, Bühnenbau und Ballett verbindet. Die Erfinder der Teezeremonie waren Meister der Ästhetik, denn jede einzelne Kunst – Keramik, Bronzeguss, Malerei, Architektur, Gartenbau, Anlage von Steingärten – hat mit dem Zeremoniell zu tun. Um das zu erklären, muss ich Ihnen etwas über die Geschichte der Teezeremonie erzählen.

Die Teezeremonie

Es gibt eine Legende, die die Geschichte des Tees erklärt. Bodhidharma, der das Zen nach China gebracht haben soll, schlief eines Abends während des Meditierens ein. Als er aufwachte, war er so wütend über sich selbst und sein Einschlafen, dass er seine Augenlider abschnitt und auf den Boden warf. Sofort wuchs dort die erste Teepflanze. Die Blätter der Pflanze hatten die Form von Augenlidern. Von dieser Zeit an tranken alle, die wach bleiben wollten, Tee.

Alle Religionen haben ein charakteristisches Getränk. Das Christentum hat den Wein, den es mit dem Judentum teilt; beide benutzen den Wein im sakramentalen Rahmen. Für den Islam ist das charakteristische Getränk die Milch, für den Buddhismus der Tee. Es gibt eine Redewendung, die sagt: „Der Geschmack von Tee und der Geschmack von Zen sind gleich." Dies ist eigentlich ein Wortspiel, denn im Chinesischen heißt Zen *ch'an* und Tee *ch'a*. Mit dem „Geschmack von Tee" wird sowohl in China als auch in Japan nicht nur der tatsächliche Geschmack auf der Zunge bezeichnet, sondern auch der Geschmack, der im Zusammenhang mit Tee steht, der Geschmack der Teemeister. Von alters her haben die Zen-Mönche Tee getrunken, um ihre Wachsamkeit zu behalten. Tee ist ein mildes Psychedelikum, insbesondere in der Form, in der die Mönche ihn trinken – es sind nicht die gewöhnlichen Teeblätter, die man im Wasser ziehen lässt, sondern sie bevorzugen sehr fein geriebenen Tee, woraus man eine sehr starke Mischung machen kann; dieses Gebräu hat ungefähr die gleiche Wirkung wie Amphetamine. Die Mönche fanden darin eine Hilfe, um eine totale Geistesklarheit zu erreichen. Bei der Meditation, mit der sie ihr Denken zur Ruhe brachten, ohne die Sinne zu verschließen, kamen diese Mönche zu einem merkwürdigen Verständnis der unglaublichen Schönheit, die ganz normale Dinge besitzen – vom Geräusch des Windes, dem Geschmack des Wassers bis hin zu den einfachsten Gegenständen des Alltagsleben.

Wenn der Geist einen bestimmten Grad an Klarheit und Ruhe erreicht hat, werden alle diese normalen Dinge neu sichtbar, und man lebt in einer verzauberten Welt. Der wahre Geist der Teezeremonie ist also der einer großen Einfachheit – der Genuss des „Genau-so-seins" (im Japanischen *konomama*) dessen, was genau so ist. Diese Zeremonie erscheint nicht religiös, aber doch als Ritual, denn sie drückt großen Respekt für die gewöhnlichen Dinge aus. Es geht nicht um die Verehrung von Göttern, sondern um die Erkenntnis, dass das gewöhnliche Alltagsleben heilig ist.

Einer der großen Schöpfer der Teezeremonie war ein Mann namens Sen-no-rikyu. Alle heutigen Teemeister stammen in gewisser Weise von ihm ab, und alle haben den Familiennamen Sen. Sen-no-rikyu war ein Zen-Schüler, und er schuf eine Ästhetik, die alles beeinflusste, was später in der Teezeremonie benutzt wurde. Zum Beispiel ist die traditionelle Teeschale nicht das, was man mit feinem chinesischen Porzellan assoziieren würde – Eierschalen-Porzellan mit Pflaumenblüten-Mustern. Die Schalen der Teezeremonie sind aus dem gröbsten Ton hergestellt, der von armen Bauern verwendet wird. Wegen des Teekults und Sen-no-rikyu sind solche Schalen (die einige hundert Jahre alt sind) heute in Museen ausgestellt und viele tausend Dollar wert. Die modernen Schalen werden immer noch in der Tradition der alten Töpfer hergestellt. Doch da in Japan viele Menschen den Kult praktizieren, sind sie dort sehr billig. Und dieser Geist hat auch die amerikanische Töpferei beeinflusst. All das – der Geist und die Pracht des extrem Primitiven und Einfachen – unterstützt einen klaren Geist.

Über die Kopflosigkeit

Eigentlich ist es mehr wie ein Raum. Sie sind sich Ihres Kopfes nicht mit Hilfe der Augen bewusst, oder? Wo auch immer Sie hinschauen, um ihren Kopf zu finden, Sie können gar nichts sehen. Es gibt da keinen schwarzen Fleck, nichts Unsichtbares im gewöhnlichen Sinne. Ihr Kopf ist absolut transparent, er ist überhaupt nicht da. Man kann sein Inneres weder hören noch sehen. Gerade die Tatsache, dass der Kopf leer ist, ist die notwendige Bedingung für die Fähigkeit zu sehen, zu hören und zu fühlen. Wenn man den eigenen Kopf fühlen würde, könnte man sonst nichts sehen. So sind alle in gewisser Weise kopflos – das heißt nicht-bewusst, *mushin*.

Mit „Hohlkopf" bezeichnen wir normalerweise einen Trottel oder Dummkopf. Aber tatsächlich ist der perfekte Mensch ein wenig wie ein Verrückter, wie ein dummer Mensch, denn er ist kopflos. Keinen Kopf zu haben – oder ein Bewusstsein zu haben, das ein Nicht-Bewusstsein ist –

bedeutet, dass der Geist wie ein Raum ist: Er beinhaltet die Sonne, die Sterne, die Planeten, die Berge und Flüsse, die Tiere, die Pflanzen und alle Menschen – weise und dumme, gute und schlechte. Sich selbst darüber klar zu werden, dass man keinen Kopf hat, ermöglicht ein Gefühl, dass alles, was man sieht, hört und berührt, man selbst ist. Nicht dass es keine anderen Menschen gäbe, aber wir alle teilen einen Geist. Dieser manifestiert sich an verschiedenen Orten und zu verschiedenen Zeiten, so dass jeder sein eigenes Hier und Jetzt hat. Das Wort „Ich" bedeutet eigentlich „Hier und Jetzt", denn das einzig wirkliche „Ich" ist der eine Geist, den wir alle teilen.

Es ist im wörtlichen Sinne richtig, das alles, was man kennt, nichts anderes als der eigene Körper ist. Alles was man sieht, ist das, was die Nerven im eigenen Kopf fühlen. So wird alles in der Welt in das übersetzt, was in die eigenen Organe eindringt. Aber wie schon oft gesagt, ist der Organismus auch die Welt. Denn alles fließt und verändert sich, und da jedes einzelne Individuum wie ein Strudel ist, bleibt die Form bestehen, aber der Fluss geht weiter und durch alles hindurch. Alles kommt und geht, webt und gestaltet. Das Einzige, was bleibt, ist der gesamte Prozess. Wenn man also überhaupt ein Selbst hat, dann ist es dieser Prozess – das ist es, was Bankei mit dem „ungeborenen" oder „geburtslosen" Geist meinte. Man muss nicht daran festhalten, man muss nicht denken: „Ich bete zu Gott, dass ich dieses Etwas habe, denn ich werde sterben. Wird dies das absolute Ende von mir sein? Wäre das nicht schrecklich?"

Man muss sich keine Sorgen darum machen, denn alles ist ein immerwährendes Kommen und Gehen. Allwissend zu sein – sagen wir, ich könnte durch alle Ihre Augen hindurchschauen und alle Ihre Gedanken auf einmal denken – wäre sehr verwirrend. Denken Sie an die Schwierigkeiten, die Gott haben muss:

Gott hörte die Nation „Für England!" schreien,
„Gott schütze den König!", Hurra und Krawall.
Gott dies, Gott das und Gott überall.
„Guter Gott", sagte Gott, „leicht wird's nicht sein."

Das Universum regiert sich selbst, nicht wie ein Herrscher, der die Dinge kontrolliert, sondern wie ein Tausendfüßler mit allen seinen Beinen. Es ist sinnlos, über seinen Lauf nachzudenken: ein Bein nach dem anderen. So auch ein Auge nach dem anderen. Aber in Wirklichkeit ist alles ein Auge. Das Universum ist dann das einzige Auge, und es verliert sich selbst in uns allen. So bleibt es bestehen. Dies ist offensichtlich für einen Menschen, dessen Geist zur Ruhe gekommen ist.

Zen und Kunst

Beschäftigen wir uns ein wenig mit dem Zusammenhang von Zen und Kunst. Als Grundlage und Vorbereitung auf die folgenden konkreteren Erfahrungen möchte ich Ihnen zunächst eine theoretische Einführung in die Gesamtsituation geben. Denn Zen ist in erster Linie ein Weg der konkreten Erfahrung – es ist keine Theorie. Dies ist es, was westliche Menschen so verwirrend finden: Man kann Zen nicht beschreiben, man kann es nur zeigen. Denn es ist eine Art zu leben, ein Lebensstil; es ist eine Lebenserfahrung, die keine Theorie zufriedenstellend erfassen kann. In dieser Hinsicht hat Zen die gleiche Basis wie der Buddhismus. Wie schon gesagt, ist Zen eine Form des *Mahayana*-Buddhismus, der einen großen Teil der buddhistischen Welt ausmacht. Der *Mahayana*-Pfad bedeutet „Großes Fahrzeug". Diese Form des Buddhismus ist im ganzen nördlichen Asien verbreitet: Tibet, China, Mongolei und Japan. Im Gegensatz dazu gibt es den *Theravada*-Buddhismus, „die Schule der Alten", welche unter anderem in

Ceylon (Sri Lanka), Burma (Myanmar), Kambodscha und Thailand zu finden ist.

Es gibt einen wichtigen Unterschied zwischen den beiden. *Theravada*-Buddhismus drückt eine gewisse allgemeine Weltmüdigkeit aus – den Wunsch, von der physischen Erfahrung befreit zu werden. Auf der anderen Seite drückt der *Mahayana*-Buddhismus eine grundsätzliche Akzeptanz der Welt aus und birgt daher das Prinzip des Wandels in sich. Als Ergebnis dieser Einstellung hat der *Mahayana*-Buddhismus eine große kreative Energie. Wer der Welt müde ist, interessiert sich nicht so sehr für die Künste, das heißt für die Umsetzung von Inspiration in materielle Form. Aber wenn man denkt, dass das Universum, was auch immer es sein mag, auf alle Fälle spirituell ist, will man es verankern: Man will es in Formen des Irdischen und des Alltagslebens umgesetzt sehen. Auf die gleiche Weise braucht ein Radio nicht nur eine Antenne, um das spirituelle Element zu empfangen, sondern auch eine Erdung, um das Spirituelle mit dem Irdischen zu verbinden. In der Verbindung des Spirituellen und des Irdischen ist Zen äußerst erfolgreich gewesen, daher gehörte es zu den wichtigsten Faktoren, die den Geschmack und die Richtung der Kunst im Fernen Osten formten.

Die Frage „Was ist Buddhismus?" kann auf verschiedene Weisen beantwortet werden. Man kann sagen, dass es das *dharma* ist. Das bezeichnet die Methode, die Siddharta Gautama lehrte, ein junger indischer Prinz, der kurz nach 600 v. Chr. lebte. Es ist die Methode der Meditation, der Kontrolle des Denkens, und zwar mit dem Ziel, geistigen Frieden zu erreichen. Um das zu illustrieren, stellen Sie sich einen Zustand vor, wo Sie sich vor überhaupt gar nichts fürchten, wo das Leben – die Probleme, der Druck, die Schmerzen des Lebens, die Drohung des Todes – etwas ist, womit Sie sich nicht länger beschäftigen. Sie haben diese Methode gelernt, sich um absolut gar nichts mehr Sorgen zu machen – ob Sie hungern, leiden oder sterben –, denn alles ist eine Illusion. Das wurzelt in der hinduistischen Sichtweise, dass die Welt, die wir um uns herum sehen, aus Vibration besteht. Was solide erscheint, ist nur etwas, das schneller vibriert als man selbst. Vom hinduistischen Standpunkt aus gesehen ist die ganze Welt eine riesige Illusion.

Gleichzeitig kann man sehen, dass in dieser Herangehensweise eine gewisse Fröhlichkeit liegt. Es ist nicht so, dass man die ganze Zeit auf die Welt pfeift oder denkt, dass Frauen nicht schön sein oder Mahlzeiten nicht gut schmecken sollten. Mit dieser Einstellung kann man wirklich tanzen: Ohne Furcht lassen sich alle möglichen phantastischen Tänze tanzen. Ein von sich selbst eingenommener Mensch könnte die Leute zu allen möglichen nervenaufreibenden Wettkämpfen herausfordern, denn man wüsste, dass alles nur eine Illusion ist. (Zen-Anhänger tun das, aber in einer sehr gelassenen Weise. Doch wenn man zu große Herausforderungen aufstellt oder zu viel „Mut" zeigt, dann ist es zweifelhaft, ob man es wirklich weiß, oder ob man nur vorgibt, es zu wissen und es durch ein großspuriges Auftreten überkompensiert.) Aber das ist, ohne große Schnörkel gesagt, die Grundlage des Buddhismus.

Die Ausbildung von Menschen, die Buddhas („Erwachte") genannt werden oder Bodhisattvas (Erwachte, die aus Mitleid für alle empfindsamen Wesen in dieser Welt sind), wird im heutigen Japan durch ein kleines Spielzeug namens „*Daruma*-Puppe" symbolisiert. *Daruma* ist die japanische Namensform von *Bodhidharma*, dem indischen Buddhisten, der das Zen angeblich zwischen 400 und 500 n. Chr. nach China brachte. Diese Puppen sind beinlos und unten beschwert, so dass man sie nicht umkippen kann, da sie immer wieder in eine aufrechte Position zurückrollen. Ein Zen-Meister gilt als jemand, der von nichts abhängig ist und durch nichts bestimmt wird und daher keine Sorgen, Ängste oder Probleme hat. Er hat keine Probleme, da er erstens weiß, dass die Welt eine Illusion ist, und zweitens, weil er selbst die Realität ist. Die äußere Energie des Seins tritt ganz einfach in den verschiedensten Formen auf.

Er erkennt, dass die äußere Realität – welche die Basis für die eigene Existenz ist – absolut unzerstörbar ist, da sie alles ist, was da ist. Dies ist die Grundlage dafür, keine Ängste oder Sorgen zu empfinden. Menschen kommen und gehen, Bäume kommen und gehen, aber sie kehren immer wieder. Natürlich sagt man, wenn man die Bäume wiederkommen sieht: „Nun, das sind neue Bäume. Sie sind nicht dieselben, die vorher da waren." Je näher man sich ein individuelles Ding anschaut, desto mehr erscheint es einem verschieden von jedem anderen Ding. Aber das kommt, weil man es aus der Nähe betrachtet. Aber wenn man nicht so genau hinschaut, erscheinen einem die Blätter, die dieses Jahr auf den Bäumen wachsen, genau gleich wie die letztjährigen Blätter. Und wenn man sich die Menschen nicht so genau betrachtet, erscheinen sie alle gleich – Scharen und Scharen, die alle die gleichen Dinge tun, die gleichen Probleme haben, die gleichen Muster ausleben. Einer nach dem anderen kommt und geht. Aber wenn man anfängt, näher hinzuschauen, stellt man die Unterschiede fest und sagt: „Aha!"

Wenn man nur aus der Nähe schaut, sind man den Wald vor lauter Bäumen nicht. Man erkennt nicht, was man aus einer fernen Perspektive sehen würde. Zen lehrt eine Kombination von gleichzeitiger Kurzsicht und Weitsicht. Der Kern des Buddhismus liegt darin, die Menschen von Sorgen und Angst zu befreien, von der Panik, am Leben zu sein.

Die Wörter „Angst", „Terror", „Sorge", „Panik" werden alle in dem Sanskritwort *dukha* zusammengefasst, das wir normalerweise mit „Leiden" übersetzen. Das Gegenteil von *dukha* ist eigentlich *sukha* („süß"), also bedeutet *dukha* „sauer" – das Gefühl, dass das Leben sauer ist. Schauen wir uns zum Beispiel den Gemütszustand eines

Menschen an, der das Gefühl hat, dass das Universum eine gnadenlose Falle ist, in der er gefangen ist. Er wird sagen: „Ich wurde gegen meinen Willen in die Welt hineingeboren, meine Eltern haben mich in die Sache verwickelt. Hier bin also: hoffnungslos und hilflos den Umständen ausgeliefert." Das ist *dukha*. Was der Buddha erkannte, ist die Tatsache, dass man ganz und gar nicht das hilflose Opfer der Umstände ist. In seinem Gedicht „Das Licht Asiens" illustriert Sir Edwin Arnold diesen Punkt:

Du leidest aus dir selbst, nichts sonst erzwingt es,
kein and'rer hält dich, dass du lebst und stirbst
und auf dem Rad schwirrst und die Speichen
der Agonie, der Tränen und der Leere küsst.

Es liegt alles an einem selbst. Man beschuldigt die Umstände und Menschen, die Gesellschaft und die Eltern nur in dem Maße, in dem man sich selbst als getrennt von all dem erlebt. Aber wenn man ein klares Bewusstsein und klare Sinnesorgane erlangt, wird man sehen, dass die Welt und die Menschen um einen herum gerade so viel „man selbst" sind wie der eigene Körper und der eigene Verstand. Die ganze Sache ist ein zusammenhängender, veränderlicher Organismus oder ein Energiefeld, das sich in dieser oder jener oder noch einer anderen Weise zeigt: Man sieht sie in all diesen unterschiedlichen Formen. Durch Kurzsichtigkeit oder eine zu große Konzentration auf ein kleines Gebiet vergisst man diese Tatsache oder nimmt sie nicht wahr. Im Buddhismus wird daher diese eingeschränkte, kurzsichtige Sichtweise *avidya* genannt, was wörtlich „Nicht-Wissen" oder „Nicht-Erkenntnis" bedeutet. Als Ergebnis einer zu starken Fokussierung auf ein Gebiet des Lebens wird der Rest ignoriert. Man sucht sich etwas aus dem Sehfeld heraus und ignoriert dadurch etwas anderes. Wenn man sich also nur so wahrnimmt, wie man sich selbst in seiner Haut fühlt, dann ignoriert man die Tatsache, dass man auch außerhalb seiner Haut existiert. Das wahre „Ich" ist einfach der Kosmos, die Energie, die diesen ganzen, weiten Raum füllt: Da gibt es auch Galaxien, viele Milliarden von Lichtjahren entfernt, die gerade so viel „Ich" sind wie die Pupille des eigenen Auges. Entfernungen haben nichts damit zu tun, denn innerhalb des Körpers gibt es sagenhafte Entfernungen zwischen den einzelnen Molekülen, ganz zu schweigen von den einzelnen Atomen, Elektronen usw. Der Raum ist relativ: Er ist so groß, wie man ihn machen will.

Man kann über den Raum und die Weiten des Universums nachdenken und sagen: „Wie klein wir sind, wie unwichtig." Aber das ist nur eine Möglichkeit der Betrachtung. Man kann so denken, wenn man sich schlecht fühlt und sich selbst niederdrücken will. Auf der anderen Seite gibt es auch eine ganz andere Sichtweise: „Gütiger Himmel, du sagst, dass meine Freunde und Verwandten, die Astronomen, entdeckt haben, dass das Universum so groß ist? Welch phantastischen Verstand diese Leute haben! Siehst du, wie groß wir sind? Wie phantastisch, dass ein so kleines Wesen in seinem Bewusstsein einen so großen Kosmos fassen kann." Dann fühlt man sich sehr glücklich. So denkt man, wenn man sich selbst aufrichten will. Über all diese Dinge lässt sich gut reden; die Schwierigkeit ist allerdings, dem entsprechend zu leben.

Zen ist also eine Form des Mahayana-Buddhismus, und dieser zeigt, wie es möglich ist, sich nicht mehr an den Sorgen aufzuhängen, die ein individuelles Ego mit sich bringt. Zen ist jedoch nicht lediglich buddhistisch. Es kombiniert indischen und Mahayana-Buddhismus mit chinesisch-taoistischer Philosophie und mit einem gewissen Anteil Konfuzianismus. Taoismus ist die chinesische Philosophie der Natur. „Tao" bedeutet „Weg" oder „der Fluss der Natur". Der Taoismus ist eine Philosophie der Relativität, die in ihrem Ursprung weiter zurückreicht als das *Tao Te Ching* des Lao-tzu oder das *I-Ching*, das *Buch der Wandlungen*. Im *I-Ching* geht es um den Rhythmus der

Energie, basierend auf dem Positiven und dem Negativen. Das gesamte chinesische Denken, das auf das *I-Ching* zurückgeht, basiert auf dem Prinzip der gegenseitigen Relativität. Die positiven und die negativen Aspekte der Energie – das heißt Kraft und Müdigkeit, Leben und Tod, Da-sein und Nicht-da-sein – unterstützen sich gegenseitig. Wie die Gestaltpsychologie in Bezug auf die Wahrnehmung gezeigt hat, kann man keine Figur ohne ihren Hintergrund sehen, man kann das, was Energie, Ereignis, Leben oder Vitalität genannt wird, nur dann wahrnehmen, wenn es einen Hintergrund gibt, wo nichts passiert. Ähnlich ist die Wahrnehmung eines Intervalls, eines Raums oder eines „Nichts" in der gleichen Weise abhängig von der Präsenz eines „Etwas". Im zweiten Abschnitt des *Tao Te Ching* schreibt Lao-tzu:

Wenn alle Welt die Schönheit als schön erkennt
Gibt es schon Hässlichkeit.
Wenn alle Welt das Gute als gut erkennt,
Gibt es schon Böses.
Sein und Nicht-Sein erzeugen einander.
Schwer und leicht vollenden einander.
Lang und kurz bedingen einander.
Hoch und tief verkehren einander.

Darum heißt es (im vorhergehenden Abschnitt):

Das Tao, der Lauf der Natur,
kann nicht benannt werden.
Jedes Tao, das beschrieben werden kann,
ist nicht das ewige Tao.

Man kann nicht in Worten erklären, was schwarz und weiß (gut und böse, schön und hässlich) gemeinsam haben. Man muss schwarz als schwarz und weiß als weiß denken. Sicherlich ist das, was sie gemeinsam haben, nicht grau.

Aber da alle unsere Worte und Ideen Klassen bezeichnen – als Etiketten auf intellektuellen Schubladen – haben wir keinen Begriff für das, was entgegengesetzte Erfahrungen gemeinsam haben. Aber wenn man bemerkt, was die Gemeinsamkeit ist zwischen Leben und Tod, zwischen Lust und Schmerz, dann hat man eigentlich keine Probleme mehr damit. Die Erleuchtung zu erlangen, kann keine Idee sein – es muss etwas sein, was jenseits der Ideen steht: eine Erfahrung. Natürlich kann es, intellektuell betrachtet, keine solche Erfahrung geben, denn wenn man über Erfahrung spricht, sortiert man sie in Klassen von Logik und Sprache ein. Dies ist der Grund, warum Zen als direkte Übertragung der Erfahrung Buddhas verstanden wird, die außerhalb von Schriften und Traditionen steht. Zen hängt nicht von Worten oder Buchstaben ab, sondern basiert auf dem direkten Zeigen und dem Erreichen der Buddhaschaft, des Erwachens.

Dies sind die vier traditionellen Aussagen darüber, was Zen ist: „Außerhalb der Tradition, ohne Lehre. Keine Worte und Buchstaben errichtend. [Es baut kein System und keine Doktrin auf.] Unmittelbar auf das Selbst deutend. Die Buddha-Natur vervollkommnend." Die letzte Aussage bedeutet, in seine eigene Natur zu schauen und „*buddha*" zu erreichen – was kein Eigenname ist, sondern bedeutet, ein Buddha zu werden, ein erleuchteter oder befreiter Mensch.

Zen ist also eine Mischung aus indischem Buddhismus, Taoismus und schließlich Konfuzianismus, wobei Letzterer ein recht seltsames Element im Gesamtbild ausmacht. Es gibt da etwas sehr Wichtiges in der Natur des Zen, was wir sehen sollten. Konfuzianismus scheint gerade das Gegenteil des Zen zu sein. Konfuzianismus ist die ritualisierte Ordnung des chinesischen Gesellschaftslebens und legt viel Wert auf gute Manieren, Zeremoniell, Familienordnung, Gehorsam gegenüber den Eltern, richtige Ausstattung, korrektes Benehmen und all das. In der chinesischen Geschichte gab es immer wieder Kämpfe zwischen Taoisten und Konfuzianern, und die Taoisten machten sich gerne über die Konfuzianer lustig.

Ein Beispiel dieser ideologischen Spaltung zwischen Konfuzianern und Taoisten wird durch ein sehr frühes konfuzianisches Anliegen illustriert. Sie würden es „Namenskorrektur" nennen – sicherzustellen, dass das Wörterbuch in der richtigen Ordnung ist. Das Wörterbuch ist ein schrecklich wichtiges Buch für eine Zivilisation, denn wenn wir keine ganz klare Idee davon haben, was wir mit unseren Worten meinen, geraten wir in Verwirrungen. Die Konfuzianer waren Gelehrte, die sich sehr stark mit Büchern, mit den Klassikern und der Definition von Wörtern beschäftigten. Im Kontrast dazu beschäftigten sich die Taoisten mit der Natur, mit der tatsächlichen Erfahrung von Wasser, Pflanzen und Vögeln. Ihre Schriften waren voller Beschreibungen; zum Beispiel wurde das früheste naturkundliche Werk in China von Taoisten verfasst. Die Konfuzianer sahen niemals von ihren Büchern hoch. Der Unterschied ist in etwa mit dem zwischen Scholastikern und Naturphilosophen im europäischen Mittelalter vergleichbar. Die Scholastiker schauten alles in der Bibel nach, und wenn es dort nicht erklärt war, konnte es nicht wahr sein. Sie wussten alles aus den Büchern, während die Naturphilosophen mit der Natur experimentierten. Die Mystiker standen auf der gleichen Seite. Darum nahm die Kirche es auch nicht so freundlich auf, dass die Mystiker erfahrungsmäßiges Wissen über Gott zu haben schienen statt eines Wissens, das auf der Autorität der Texte beruhte. Die Konfuzianer sind den abendländischen Scholastikern recht ähnlich. Zwar ist der konfuzianische Lebensstil keine Religion, doch schließt das nicht unbedingt den Bereich der spirituellen Erfahrung und der Mystik aus. Der Konfuzianismus ist vor allem ein gesellschaftliches Ritual, das religiöse Züge angenommen hat und dabei dem menschlichen Leben immer zugewandt war.

Yin und Yang

Der Mensch wird von den Konfuzianern – in der gleichen Weise, wie die Taoisten diese Begriffe gebrauchen – als ein Zusammenspiel von *Yang* und *Yin* verstanden. Zum Teil ist der Mensch gut, kooperativ und rational, zum anderen Teil leidenschaftlich, egoistisch und launisch. Der Konfuzianismus glaubt, dass man beide Aspekte des Menschen erkennen und zusammenbringen muss – nicht in einer feindseligen, sondern in einer kooperativen Weise. Das konfuzianische Ideal der Gerechtigkeit ist daher der Kompromiss. Statt zu bestimmen, ob jemand Recht oder Unrecht hat, basierte eine rechtliche Entscheidung auf der Idee, dass beides menschliche Qualitäten sind. Daher werden vernünftige Leute zu einer Einigung vor Gericht kommen. Mehr als das Gesetz sind Recht und Billigkeit im Konfuzianismus das bestimmende Prinzip der sozialen Ordnung.

Aber daneben betonen die Konfuzianer die Ehrfurcht gegenüber allem, was man tut. Sie ist fast wie Albert Schweitzers Ehrfurcht gegenüber dem Leben, nur richtet sich die Ehrfurcht der Konfuzianer auf alle Dinge. Denken wir in diesem Kontext an irgendeine Vorstadt-Grillparty in den Vereinigten Staaten, wo der Vater dem Barbecue vorsteht. Er tut dies nicht einfach so: Vielleicht zieht er eine Schürze oder eine Chefkoch-Mütze an und wacht mit der größten Konzentration über die Steaks auf dem Grill. In diesem Moment ist er eine Art König, ein Priester des Haushalts. Er geht sehr sorgfältig vor, er hat alles für das Ritual des Kochens vorbereitet. In diesem Moment erlebt er das, was die Konfuzianer Haltung der Ehrfurcht nennen. Demnach sollte man alles, was man tut, ehrfürchtig tun. Das konfuzianische Ideal besteht darin, das Leben mit der größtmöglichen Achtung für alle materiellen Dinge, Besitztümer und Menschen zu führen. Alles ist Zeremoniell.

Auch alles, was in Zen-Klöstern getan wird, trägt diese Ehrfurcht in sich. Es gibt da einen komischen Unterschied – den ich erst mit einiger Mühe erkennen konnte – zwischen der ehrfürchtigen Einstellung im Zen (und generell im Fernen Osten) und der Ehrfurchtsidee im Christentum. Wie man in vielen Zeichnungen sehen kann, haben Zen-Anhänger äußerst respektlose Karikaturen von den Zen-Patriarchen angefertigt. Sie lassen sie wie Landstreicher aussehen. Gleichzeitig kann man in Zen-Klöstern diese prachtvollen Rituale beobachten, wo alle niederknien. Manche Zen-Buddhisten werfen sich auch vor Buddhastatuen und -bildern auf den Boden. Ich habe versucht, in den Klöstern die Gesichter dieser Menschen zu beobachten. Manchmal sieht man eine absolut undurchdringliche Maske des Gleichmuts. Zu anderen Zeiten ist da ein bestimmtes Zwinkern im Augenwinkel; das weist darauf hin, dass in dieser Ehrfurcht ein gewisses Augenzwinkern oder eine Herausforderung liegt. Die Rezitation von Sutren im Zen ist anders als das Singen von Psalmen oder Hymnen. Die hinduistischen Gesänge drücken auch keine Angst vor dem Kosmos aus; vielmehr zeigen sie einen Einklang mit allem, was auch immer passiert. Die Verehrung basiert nicht auf Schuldgefühl, sondern drückt Respekt aus.

Japaner verbeugen sich immer voreinander – sie verbeugen sich pausenlos. Dies ist nicht wirklich eine Geste der Unterordnung, obwohl es diese konfuzianische Einstellung reflektiert. Die Zen-Mönche brachten den Konfuzianismus nach Japan und führten konfuzianische Ideen ein. Diese Ideen hatten großen Einfluss auf die japanische Sichtweise von sozialer Ordnung, Umgangsformen und richtigem Verhalten. Aus unserer heutigen Sichtweise würden wir sagen, dass die meisten konfuzianischen Ideen ziemlich spießig sind, aber sie verkörperten einen subtilen Respekt. Ich hörte einmal eine Geschichte über einen amerikanischen Touristen und Geschäftsmann, der nach

Tibet kam. Er wurde in ein Kloster geführt. Im großen Heiligtum brannte ein Licht. Zwei *lamas* standen in ihre Meditation versenkt in diesem Licht, und die Mönche erklärten, dass dieses Licht seit tausend Jahren brannte. Der Amerikaner schaute es an und blies es aus. (In der ganzen Welt haben die Amerikaner diese Reputation.)

Manchmal kann diese Ehrfurcht natürlich extrem oder sogar albern sein. Es gibt eine Geschichte über einen alten Meister, der eine Bergstraße entlangwanderte, um ein Zen-Kloster zu besuchen. Er kam an einem schmalen Bach vorbei und bemerkte ein Salatblatt, das darin schwamm. Er schüttelte den Kopf und dachte: „Das ist ein sehr schlechtes Kloster dort oben, wenn sie den Salat den Bach hinunterschwimmen lassen – wie verschwenderisch!" Plötzlich brach ein riesengroßer Mönch durch die Büsche, stieg zum Bach hinunter und fischte das Blatt aus dem Wasser. „Oh", sagte der alte Meister, „so ist es doch in Ordnung." Die Energie, die der Mönch durch den Verzehr des Salatblatts gewinnen konnte, war sehr viel geringer als die Energie, die er aufbrachte, um es zurückzuholen. Er verhielt sich nicht sehr ökonomisch. Dennoch ist das die Art von Einstellung, die man im Zen findet – nichts darf verschwendet werden. Beim Essen in Japan (insbesondere in einem Zen-Kloster) muss man aufpassen, dass man jedes Reiskorn aus der Schale aufnimmt und nichts übrig lässt. Das alles ist Teil des konfuzianischen Respekts für alles, was uns umgibt, und für jedes Kleidungsstück und Werkzeug, jedes Bauwerk, jedes Tier und jeden Menschen.

Radikales Zen

Umgekehrt gibt es aber auch eine andere wichtige Auffassung im Zen: „Nichts ist gut, was nicht zerstört werden kann." Wenn die Situation nicht richtig ist, können Zen-Menschen sie ganz und gar zerstören. Mit anderen Worten:

Zum richtigen Zeitpunkt kannst du dich umbringen – radier alles aus, fang noch einmal neu an.

Der Buddhismus kam mehr oder weniger als monastischer Lebensstil nach China. Dieser wurde in der indischen Tradition monastischer Gemeinschaften entwickelt – Gemeinschaften für Männer und Gemeinschaften für Frauen. Um Verstrickungen aus dem Weg zu gehen, wollten die Mitglieder dieser Gemeinschaften nicht über Ehepartner und Kinder nachdenken müssen, daher mussten sie alleine gehen. Die Chinesen waren von dieser Voraussetzung nicht gerade begeistert, denn in China war die Familie von fundamentaler Bedeutung. Die Chinesen fingen an, Kompromisse zu schließen. Statt zu lehren, dass das Ideal des Mönchs darin bestand, für immer der Welt zu entsagen, entwickelten sie die Idee eines Klosters als Ausbildungsstätte, die junge Männer und Frauen besuchen konnten. Nach dem Ende ihrer Ausbildung konnten die Mönche und Nonnen in ihr normales Leben zurückkehren. Einige wenige blieben als Lehrer, wovon einige große Meister wurden. In diesem goldenen Zeitalter der chinesischen Kultur entwickelten sich Kunst und Philosophie zu großer Blüte. Das war die Zeit, als die ersten europäischen Reisenden China besuchten und von seiner Größe und Pracht (im Gegensatz zu dem, was sie kannten) ungeheuer beeindruckt waren. Der Zen-Lebensstil war die Grundlage dieser Blüte.

Zen kam um 1200 n. Chr. nach Japan, wo es einen ähnlich kraftvollen Einfluss auf die folgende Entwicklung der japanischen Kultur ausübte. Westliche Menschen finden es erstaunlich, dass sich Zen eher in Richtung Kunst als in Richtung Technologie orientierte und sich mehr mit der Natur und der materiellen Welt als der menschlichen befasste. Zen-Anhänger in China und Japan riefen keine neuen sozial orientierten Projekte ins Leben. Es mag seltsam erscheinen, dass sich der größte Einfluss des Zen in der Kunst und im Kriegswesen zeigte. Das lag zum Teil daran, dass die Agrarkulturen Asiens die menschliche Situation für unlösbar hielten. Sie dachten nicht, dass daran grundsätzlich etwas geändert werden könnte. Sie hatten keine technologischen Möglichkeiten, um das Problem der Armut zu beheben. In den Kulturen des Fernen Ostens gab es nicht diese besondere Entwicklung der Wissenschaften, die bei uns Technologie und industrielle Revolution ermöglichte. Daher hielten sie die Situation des Fressens und Gefressenwerdens unter Menschen für eine ausgemachte Sache. Nichts konnte getan werden, um die Situation zu verbessern; man konnte nur aufhören, sich darum zu sorgen oder Angst davor zu haben. So drückte sich Zen in erster Linie in den Bereichen von Handwerk, Kunst, Töpferei, Architektur, Bildhauerei, Malerei, Gartenbau, Kalligraphie, Kampfkunst und Poesie aus.

Zen ist kein seltsamer orientalischer Kult. Jeder hat in irgendeiner Weise Zen, denn jeder macht etwas perfekt. Sogar der dümmste Mensch kann schöne Haare wachsen lassen oder bezaubernde Augen haben. Und das ist das Zen dieses Menschen – was er ohne Berechnung tut, ohne affektiert zu sein –, das, was natürlich, spontan, großartig ist. Ein großer Künstler versucht, was auch immer seine Kunst ist – sei es Tanzen, Malen oder Fechten – sie in derselben Weise zu tun, wie seine Augen blau sind. Er spürt keine Verlegenheit dabei, die mit dem Bewusstsein des Selbst zu tun hat. Jede Verlegenheit in der Kunst ist eine Art Zögern, und im Zen wird dies als Trübung des reinen Bewusstseins aufgefasst. In der Ausübung jeder Kunst muss der Künstler aufhören, in Verlegenheit zu geraten.

Das ist es, was im Laufe der Zen-Übungen passiert: Hier ist ein Individuum, das seines eigenen Verhaltens nicht übermäßig bewusst ist, sondern im Grunde genommen ziemlich durcheinander ist. Das Leben wird diesem Menschen immer wieder Herausforderungen stellen, und er wird in Verlegenheit geraten. So sucht er den Weisen auf und sagt: „Ich stecke in Schwierigkeiten." Im Ausbildungsprozess des Zen tut der Meister alles, um den Schüler in Verlegenheit zu bringen – ihn zu überrumpeln, ihn aus der Bahn zu werfen, dass er sich seiner selbst bewusst wird. Der Meister hat viele Möglichkeiten, das zu tun; seine Methode ist, die Leute auf dem falschen Fuß zu erwischen. Wenn es auch nur den kleinsten Hinweis dafür gibt, dass all seine scheinbare Kunst nur Selbstschutz vor der fundamentalen Angst ist, bekommt der Meister es heraus und wirft es geradewegs auf den Schüler zurück. Die Schüler wissen, was sie damit tun müssen.

Das kommt nicht nur in den gewöhnlichen persönlichen Beziehungen vor, sondern auch in winzigen Dingen, zum Beispiel der Art, wie jemand einen Löffel aufnimmt; auch hier ist es möglich, jemanden völlig aus der Fassung zu bringen. Der Meister ergeht sich in endlosen hysterischen Anfällen darüber, wie man seinen Löffel auf die richtige Art hebt. Aber es ist alles gewollt, nicht um die richtige Ausführung des Rituals zu lehren, sondern um das Ritual zu benutzen und zu sehen, ob er einen damit aus der Fassung bringen kann. Wenn man so besorgt ist, das Ritual richtig auszuführen, dass man den Löffel kaum noch festhalten kann, dann ist da etwas nicht in Ordnung. Zen ist also ein Prozess ständiger Tests, bei denen man sieht, ob ein Mensch etwas wirklich echt und aufrichtig tut oder nicht.

Fröhliche, inspirierende Mystik für den Alltag

Alan Watts
Lebe jetzt!
Der Weg der Befreiung
144 Seiten | Klappenbroschur
ISBN 978-3-451-06746-4

Souveräne Gelassenheit und die Einsicht, dass es auf den Augenblick ankommt. Meisterhaft und spielerisch verbindet Alan Watts westliches Denken mit östlicher Erfahrung. Befreiung heißt: das Leben nicht verschieben, sondern sich der Wirklichkeit jetzt hingeben.

In jeder Buchhandlung

HERDER
Lesen ist Leben

www.herder.de